KB184826

스물하나, 서른아홉

스물하나, 서른아홉

요즘 여성들이 쓰는 뉴노멀

김난도
전미영
최지혜
권정윤
한다혜
김나은

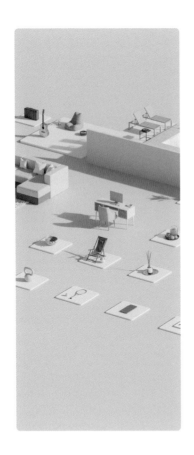

미래의창

트렌드의 시작과 끝은 사람이다. 사람들의 새로운 취향이 의미 있는 다수를 이룰 때, 우리는 그것을 트렌드라 부른다. 트렌드는 경제와 문화를 바꾸고, 이는 결국 사람을 바꾼다. 이 연속적인 과정은 자기 꼬리를 물고 있는 뱀 '우로보로스 Ouroboros'처럼 계속 순환하며 트렌드를 역동적으로 키워 나간다. 트렌드란 결국 사람의 변화다.

2008년부터 17년째 발간되고 있는 〈트렌드코리아〉 시리즈는 항상 이 '사람들'의 변화에 주목해왔다. 어린이(알파세대, 2023)부터 20대(픽미세대, 2017), 30대 남성(요즘남편 없던아빠, 2024), 40대(엑스틴, 2022), 5060 신중년(오팔세대, 2020), 신세대 할머니(어번그래니, 2015)에 이르기까지, 다양한 세대의 활기찬 변화는 유난히 역동적인 대한민국의 트렌드를 끌고 가는 엔진이었다.

여러 세대 중에서도 가장 중요한 집단을 하나만 선택

하라면 2030 여성을 꼽아야 할 것이다. 인구 규모로 보면 전체 인구의 10% 정도이지만, 트렌드에 미치는 파급력은 어떤 집단보다 강하다. 10대들은 대학생 같아 보인다고 이야기하면 기분 좋아한다. 40대 이상도 20~30대 같다고 해야 입꼬리가 올라간다. 그렇다. 2030은 인생의 모든 나이가 선망하는 시기다. 2030이 뭔가를 하면, 대체로 다른 연령대는 그것을 따라 한다. 그 결과 2030은 트렌드가 시작하는 출발점이 되는 경우가 많다. 특히 2030 여성은 패션·미용·식품 등 다양한 산업에서 중추적 역할을 수행하는 가장 핵심적인 집단 segment이다. 2030 여성은 트렌드 연구에서 가장 중요한 세대라고 해도 과언이 아니다.

트렌드연구자로서, 대학교수로서, 오랜 시간 2030 여성들을 관찰할 수 있었다. 요즘 2030 여성에 대한 개인적 소감은 그 어느 때보다 자기관리 잘하고 당당한, 빛나는 세대라는 점이다. 먼저 성실하다. 학교 생활은 물론이고 건강 관리나 다이어트에 이르기까지 자기관리에 철저하다. 또한 당당하다. 과거에는 남성지향적 사회적 분위기 아래에서 뭔가를 펴지 못하는 느낌이 다소 있었는데, 요즘은 완전히 다르다. 학업은 물론이고, 동아리·학회 등 학생자치활동 등에서도 여학생들이 전혀 뒤지지 않고, 취업 시장에서도 매우 적극적이다. 한 마디로 스스로 빛나는 세대다.

그래서인지 요즘 2030 여성들은 과거 여성들보다 훨씬 더 행복할 것이라는 막연한 생각을 가지고 있었는데, 그 선입견을 완전히 뒤집어놓는 통계를 보게 됐다. 건강보험심사평가원에 의하면 2023년 우리나라에서 가장 우울증 진료를 많이 받은 그룹은 바로 20대 여성이라는 것이다. 깜짝 놀랐다. 저렇게 멋진데 우울증이라니… 누구에게나 겉모습만으로는 알 수 없는 속내가 있다. 무엇일까? 이 빛나는 세대를 고뇌하게 하는 속사정은?

교육자로서, 또 트렌드연구자로서 오랜 질문을 가슴에 품고 지내던 어느 날, 우리나라를 대표하는 보험사의 하나인 '한화손해보험'에서 연락이 왔다. 2030 여성에 대한 깊이 있는 연구를 함께 할 수 있으면 좋겠다는 것이었다. 트렌드 연구에서 가장 중요하면서도 우리 연구진이 제일 궁금해하던 집단에 대해 본격적인 연구를 할 수 있는 기회여서, 흔쾌히 연구를 시작했다.

이번에 연구를 함께 하면서, 한화손해보험은 누구보다 여성소비자에 진심인 회사라는 것을 알게 됐다. 여성 니즈에 특화된 다양한 상품을 판매하는 것은 물론이고, 여성의 건강과 사회적 관계 형성, 성장을 지원하는 활동도 벌이고 있었다. 펨테크연구소Fem-tech(Female(여성)과 Technology(기술)의 합성어로 여성 건강에 도움을 주는 기술이나 제품서비스를 통칭하는 말)를 운영하며 여성들이 가진 고민을 탐구하는 조사 보고서를 발표하고, 여성 리더들의 목소리를 들을 수 있는 컨퍼런스를 개최하는 등, 여성 소비자를 단지 금융 고객 이상으로 대한다. 펨테크연구소는 여성을 위한 연구활동을 진행해오고 있으며, 신체와 마음 건강, 사회적 관계, 웰니스 등 여성의 삶에서 중요한 주제에 관해 빅데이터를 토대로 자체 트렌드 리포트를 발행해왔다. 또한 많은 여성이 겪고 있지만 조망되지 못했던 출산과 육아로 인해 발생하는 어려움 등에 대한 해결방안을 모색하고 있다. 그런 면에서 이번에 한화손해보험과 같이 연구를 수행할 수 있었던 것은 행운이라고 생각한다. 단지 지원기관으로서가 아니라 인사이트를 함께 도출하는 등 연구 파트너로서 물심양면 도와주신 덕분에, 그 어느 때보다도 충실한 연구를 진행할 수 있었다.

우리는 책을 집필하면서 최대한 다양한 자료를 수집해 편견 없는 분석을 수행하고자 했다. 2030 여성들의 '요즘' 라이프스타일 트렌드를 있는 그대로 파악하기 위해 표적집단면접FGD, Focus Group Discussion, 전문가 인터뷰, 설문조사, 온라인 버즈 분석 등을 실시했는데, 구체적인 내용은 아래와 같다.

첫째, 2030 여성 37명을 대상으로 집단면접을 실시했다. 조사는 2024년 5월 24일부터 26일까지 3일에 걸쳐 진행됐으며, 연령·결혼 상태·취업 상태·자녀 유무 등 라이프스타일에 따라 소비자를 6개 집단으로 분류하고, 자기관리·관계·커리어·재무 등의 영역에서 채워지지 않는 니즈와 숨어 있는 열망 등을 자유롭게 토론하게 한 후, 그 내용을 집단별로 비교 분석했다.

둘째, 2030 여성들의 삶과 밀접하게 관련된 분야의 전문가를 모시고 심층 인터뷰를 진행했다. 2024년 5월 22일부터 6월 5일까지 약 2주에 걸쳐, 피부과 원장, 마음성장플랫폼 대표, 커리어코칭 전문가, 결혼정보회사 매니저, 경제 분야 인플루언서 등을 대상으로 전문가 인터뷰를 실시했다. 뷰티와 헬스·멘탈·커리어·결혼과 출산·투자와 소비 등의 영역에서 2030 여성들이 보이는 특징과 최근 변화의 방향성에 대한 심도 깊은 의견을 들을 수 있었다.

셋째, 2030 여성들의 전체적인 경향성을 일반화하기 위해, 서울·경기 및 6개 광역시에 거주하는 만 20~49세 여성 총 1,200명을 대상으로 설문조사를 진행했다. 설문대상에 40대가 포함된 것은 2030 여성의 대조군으로 비교하기 위한 것이다. 5세 단위로 구분한 총 6개 집단별로 200명씩 구성되도록 할당표집해 대표성을 확보했다. 이 조사의 오차 범위는 신뢰 수준 95% 수준에서 ±2.83%이다. 소비자 FGD와 전문가 인터뷰를 통해 도출된 여러 가설을 검증하는 방식으로 질문을 구성했으며, 온라인 리서치 전문업체 '마크로밀엠브레인'의 패널을 활용하여 2024년 7월 8일부터

11일까지 총 4일간 온라인 설문 방식으로 조사를 진행했다.

넷째, 한화손해보험 펨테크연구소에서 수행한 기존의 데이터도 참고하고 적극 활용했다. 그동안 펨테크연구소가 바이브컴퍼니, 엠브레인 등 각종 조사기관과 함께 수행했던 연구의 조사 데이터를 활용했다.

마지막으로, 여러 조사방법을 통해 도출된 가설을 검증하고자, 온라인 버즈 빅데이터 분석을 실시했다. 코난테크놀로지의 데이터 크롤링 및 분석 기법이 활용되었다. 주요 키워드에 대한 감성어 분석, 유의어 분석 등을 활용해 소비자가 직접 발화하지 않는 숨은 감정을 파악하고자 했다.

이러한 다양한 방법론을 통해 우리는 2030 여성들의 삶을 'Me, Us, Growth'의 세 영역으로 나누어 분석했다. 이 삼분법三分法은 한화손해보험에서 고객지향에 대한 방향성을 ① 개인의 신체적·정신적 건강[Me] ② 사회적 관계 형성[Us] ③ 자아와 관계를 통한 성장[Growth]으로 잡고 있는 데에서 힌트를 얻은 것이다. 이 분류를 토대로, 'Me'에서는 몸과 마음, 'Us'에서는 우정·사랑과 결혼·출산, 'Growth'에서는 커리어와 투자·소비에 집중해, 목차를 구성했다.

젊은 세대에 대한 기성세대의 못마땅한 시선에 대한 기록은 기원전의 점토문자에도 등장한다고 하지만, 세대 간의 인식 격차는 요즘 그 간극이 가장 큰 것 같다. 인기 코미디

프로그램에서 소위 'MZ 직장인'을 소재로 한 코너가 화제를 모으고 있고, 경영자들 모임에 가면 "요즘 젊은 직원들을 이해하기 어렵다"는 토로가 그득하다. 한 마디로, 이전 세대와 너무나도 다르다는 것이다.

하지만 다른 것이 틀린 것은 아니다. 사람은 누구나 자기 환경의 반영이다. 모두 주어진 여건 속에서 가장 합리적인 선택을 한다. 가난하게 태어났지만 고도성장기에 한 직장을 정년까지 다니는 것이 기본이라고 생각해온 집단주의적 사고의 기성세대의 가치관과, 풍요하게 태어났지만 인구 감소와 성장 정체기에 회사를 옮겨다니며 지속적으로 자기 커리어를 계발해야 하는 개인주의적 2030세대의 가치관은 다를 수밖에 없다. 그러므로 이 세대의 특성을 비정상으로 치부할 것이 아니라, 새로운 정상 즉 '뉴노멀'로 인식할 것이 필요하다. 그래서 책의 제목을 '스물하나부터 서른아홉까지, 요즘 2030 여성들이 써내려가는 뉴노멀'이라는 취지로 지었다.

다각적이고도 심도 깊은 연구를 통해 내린 우리의 결론은, 지금 우리 2030 여성들은 누구보다도 자신의 미래를 진지하게 고민하고, 가장 나다운 내가 되기 위해 치열하게 자기를 관리해나가는 세대라는 사실이다. 하지만 끊임없는 사회적 비교가 이뤄지는 소셜미디어의 제국에서 그 어느 때보다도 외로움과 불안을 크게 느끼고 있기도 하다. 이 불안을 어떻게 해소할 것인가는 결국 본인들의 문제겠지만, 동시에 우리 사회가 함께 고민해야 할 숙제이기도 할 것이다.

✦ ✦ ✦

전술했듯이, 이번 책이 나올 수 있었던 것은 전적으로 한화손해보험의 지원 덕분이다. 한화손해보험 나채범 대표님을 비롯해 LIFEPLUS 펨테크연구소 한정선 소장님과 직원 여러분께 깊이 감사드린다. 아울러 소셜 분석으로 가설을 꼼꼼하게 분석해주신 코난테크놀로지 김영섬 대표님과 데이터 사이언스 사업부, 대규모 설문조사를 신속하고 정확하게 실시해준 엠브레인, 심층적인 FGD로 소비자 마음을 들여다보는 데 도움을 주신 피플인사이트랩의 이경진 실장님께 감사한다. 또한 자료를 수집하는 과정에서 바쁜 시간을 쪼개어 인터뷰에 응해주신 관련 전문가분들과 집단면접·설문조사에 참여해주신 응답자 여러분께도 특별한 감사의 말씀을 드린다. 마지막으로 책의 출간을 허락해주시고 까다로운 편집 작업에 최선을 다해주신 미래의창 성의현 사장님과 직원 여러분께도 진심 어린 감사의 뜻을 전한다.

　　매번 책을 쓸 때마다 한 뼘 성장함을 느끼지만 이번에는 그 결이 좀 다르다. 그간 우리가 써온 〈트렌드코리아〉 시리즈와 달리, 이 책은 2030 여성이라는 특정 타깃을 대상으로 이들이 가진 고민과 라이프스타일 변화, 트렌드 특성 등을 찾는 데 집중했다. 과거 세대와 어떤 점이 다른지, 시대 변화에도 불구하고 여전히 반복되는 고민은 무엇인지 이해하고자 노력했다. 우리의 발견이 이들에 대한 섣부른 오해를 부르지 않도록 치열하게 토론하고 반박하며 논의를 이어갔다. 이러한 과정을 통해 2030 여성들을 좀 더 정확하게 이해할 수 있었던 것은 물론이고, 우리나라 소비자와 시장 트렌드에 대한 통찰도 키울 수 있었다.

앞으로도 이러한 독립 저서를 통해, 2030 남성을 비롯하여 다양한 고객군의 세대별·성별 연구를 진행함으로써 〈트렌드코리아〉의 키워드를 넘어서는 깊이 있는 분석을 진행하고 싶다는 새로운 목표를 갖게 됐다. 독자 여러분의 한결 같은 관심을 부탁드린다.

2025년 2월
불안 속에서도 가장 나다운
내가 되기 위해 고군분투하고 있는
이 땅의 스물하나 서른아홉 여성들을 응원하며

대표 저자 김난도

"보험사가
왜 이런 걸 해요?"

지난 한 해 한화손해보험이 가장 많이 들은 질문입니다. 싱
글 남녀의 만남을 주선하는 행사를 열고, 2030 여성 트렌드
리포트를 통해 이 시대를 살아가는 젊은 여성들의 현재 모
습과 고민을 함께 나누었고, 여성의 커리어 성장을 지원하
는 토크 콘서트를 여는 등 보험과는 거리가 멀어 보이는 행
보를 이어나가고 있기 때문입니다.

　한화손해보험은 나다운 삶, 풍요로운 삶을 지원하는 것
이 우리가 고객에게 전달하고픈 웰니스Wellness라고 정의했
습니다. 근원적인 건강에 대한 솔루션을 지원하는 것뿐만
아니라, 나를 시작으로 한 사회적 관계 형성과 성장을 지원
하는 총체적 웰니스 리딩 파트너가 되고자 합니다. 한화손
해보험이 중요하게 생각하는 웰니스는 신체와 정신의 건강

함과 재정적 건전함을 추구하는 나^{Me}와 우리가 품은 사회적 관계에 대한 고민^{Us} 그리고 자기계발과 커리어 측면에서의 성장^{Growth}으로 구성되어 있습니다.

2030 여성에 대한 트렌드 분석서 발간을 지원하게 된 것도 이와 같은 맥락입니다. 2030 여성들의 삶을 더 깊이 이해하기 위해 〈트렌드코리아〉 시리즈로 유명한 국내 최고의 트렌드 연구기관 소비트렌드분석센터에 연구를 의뢰했습니다. 이 책을 통해 2030 여성을 보다 잘 이해하고, 변화하는 여성의 삶을 면밀히 조망하는 한편 동시대를 살아가는 모든 이들에게 크고 작은 인사이트와 영감을 줄 수 있었으면 합니다.

인구의 절반, 여성에 주목하다

2023년 6월, 한화손해보험은 '여성을 가장 잘 아는 보험사'로 거듭나겠다는 목표 아래 여성 전문 연구기관 'LIFEPLUS 펨테크연구소'를 설립했습니다. 여성이 겪는 질환과 임신, 출산, 폐경 등 여성의 라이프사이클 전반에 걸친 연구를 위함이었습니다.

일반적으로 사회와 시대의 변화에 따라 보험도 변화해 왔습니다. 그러나 여성 보험은 1995년 첫 출시 이후 점차 자취를 감춰, 대한민국 보험 시장에 여성 특화 보험은 거의 전무한 상태였습니다. 모든 여성은 폐경 등의 생리적 변화를 겪고 유방암, 갑상선암, 난소·자궁암 등 신체적 특징에 따른 고위험 질병군에 쉽게 노출됩니다. 그런 데 반해 아직까지는 여성에 대한 의학적·약학적 연구는 미진하며 여성만 겪는 질환과 생애주기에 맞춘 건강 관리 니즈가 커지고 있다는 점을 감안하면 이제는 여성을 위한 보험과 서비스를 제공하는 전문 보험사가 필요할 때라고 판단했습니다.

2023년 한화손해보험이 펨테크연구소를 설립하고 같은 해 11월 '시그니처 여성보험'을 출시한 후, 현재는 멘탈 영역에 대한 보장을 탑재한 3.0버전까지 시리즈로 출시해 시장의 호응을 얻었으며 이를 위한 여성의 건강에 대한 다각도의 연구와 지원을 아끼지 않고 있습니다.

여성에 진심인 웰니스 리딩 파트너

그러나 한화손해보험은 '여성 전문 보험사'에 만족하지 않고, 단순 보험상품을 넘어 문화·생활 전반에 걸쳐 여성 친화적 브랜드로 거듭나고자 합니다. 한국에서는 '보험'에 대한 부정적 이미지가 크고 오해도 많은 편인데, 보험의 본질은 나다운 삶을 살아가기 위한 버팀목이자 삶을 풍요롭게 만드는 기초와 같은 금융자산입니다. 나다운 삶, 풍요로운 삶을 살아가기 위해서 필요한 것은 보험뿐만은 아닙니다.

한화손해보험은 여성들이 스스로를 더 잘 이해하고, 원

하는 삶의 방향을 설정하며, 건강한 사회적 관계를 형성할 수 있도록 돕는 데에도 진심을 다하고자 합니다. 단순히 신체적·경제적 안전을 제공하는 것을 넘어, 여성들이 자신의 가치를 발견하고 웰니스를 이루어갈 수 있도록 다양한 문화적·사회적 지원을 지속적으로 모색하고 있습니다. 이를 통해 저희는 여성들이 각자의 색깔로 빛나는 삶을 살아갈 수 있도록 든든한 동반자이자 웰니스 리딩 파트너가 되고자 합니다.

국내 최초로 2030여성들의 입체적인 삶의 모습을 들여다보고 이를 통해 경제·사회 각 분야와 여러 세대에게 유용한 인사이트를 전하는 책,《스물하나, 서른아홉》의 출간에 힘을 보탤 수 있게 되어 감사의 말씀 전합니다.

한화손해보험 드림

차례

Me

몸

포트폴리오로 완성하는
나만의 추구미

우리는 몸을 단지 껍데기로 취급하지 않는다. 오늘날 우리가 꾸미고 연출하는 이유는 우리 안에 들어 있는 것을 세상에 알리기 위해서다. 그래서인지 지금은 '빛남'이 새로운 매력이다. 빛나는 머리와 피부, 건강한 손톱, 단련된 몸은 건강과 생활의 기쁨, 최고의 에너지 같은 내적 가치를 대표한다.

_도리스 메르틴, 《아비투스 : 인간 품격을 결정짓는 7가지 자본》

우리는 본능적으로 알고 있습니다. 밖으로 드러나는 몸의 매력은 내면마저 표현한다는 사실을요. 이집트 벽화에도 눈화장을 짙게 한 젊은 남녀의 모습이 있는가 하면, 조선 시대에는 쌀가루를 이용해 얼굴을 희게 하고 숯과 먹으로 눈썹을 진하게 그렸다고 합니다. 몸의 중요성이 어제오늘의 일은 아니지만, 매순간 셀카를 찍고 각종 소셜미디어에 그 사진을 올리는 일이 다반사가 된 현대사회에서 건강한 신체와 아름다운 외모는 더욱 중요해졌습니다.

그동안은 건강과 외모란 타고난다는 생각이 지배적이었습니다. 나이 들면서 빨간 글자가 들어간 건강검진 결과표를 받고서야 건강 관리를 시작하는 것이 일반적이었죠. 성형 수술이나 피부 시술은 일부 연예인의 전유물이라 여기던 때도 있었지만, 이제는 다릅니다. 몸 관리는 선택이 아니라 필수죠. 만족스럽지 못한 건강과 외모는 타고난 것이 아니라 자기관리가 부족한 결과입니다.

몸

특히 2030세대 사이에서 외모·학력·자산·직업·성격 등 모든 면에서 완벽해야 한다는 '육각형 인간' 트렌드가 퍼지면서,[1] 그 출발점이 되는 외모 관리는 모든 이의 과제가 됐습니다. 완벽주의에 대한 1980년대와 2010년대의 세대 차이를 조사한 학술 연구 결과를 보면, 2030세대의 완벽주의가 그동안 일관되게 증가한 것으로 나타납니다. 연구자들은 이를 '다른 사람들이 자신에게 더 많은 것을 요구한다고 인식하며, 타인에게 더 많은 것을 요구하고, 스스로에게도 더 많은 것을 요구하는 경향이 높다'고 해석합니다.[2] 한마디로 육각형 인간 트렌드가 지난 30년간 계속해서 강해진 것이죠.

외모가 여성에게, 특히 2030 여성에게 중요한 문제라는 사실은 새삼 강조할 필요가 없죠. 하지만 요즘의 외모 관리는 차원이 다릅니다. 관리를 시작하는 연령이 점점 어려지고 있으며, 그 대상도 건강과 뷰티를 아우릅니다.

일찍부터 미리미리
어려진 몸 관리 시작 연령

노화를 늦추는 생활습관을 강조하는 '저속노화' 열풍이 심상치 않습니다. 고령의 당뇨환자들이 주의하던 '혈당 스파

이크' 측정법이나 수면법과 영양제가 필수 관심사가 되고 있습니다. '안티 에이징'에 앞서, 젊을 때부터 노화를 최대한 늦추겠다는 '슬로우 에이징'을 추구하고요.[3] 이렇게 관리 연령이 빨라지는 이유는, 역설적이지만 우리가 오래 살게 됐기 때문입니다. 단순히 수명이 늘어나는 것에 그치지 않고 '건강하게 활동하며 살 수 있는 수명HLY, Healthy Life Years'을 중시하게 되면서 일찍부터 관리해야 한다는 압박이 강해졌습니다.

미국의 뷰티 전문 소비자 조사기관 TBC가 2024년 초 수행한 조사에서 "안티에이징 제품을 구매하고 있다"고 답한 Z세대 응답자의 58%가 "약 23세부터 노화를 우려하기 시작했다"고 답했습니다. 이는 밀레니얼세대 이상의 응답자가 답한 약 35세보다 10년 이상 빠른 결과였고요.[4] 글로벌 컨설팅 회사인 맥킨지의 조사에 따르면, 미국에서만 웰니스 시장이 약 4,800억 달러 규모에 달하며 매년 5~10%의 성장률을 보이고 있습니다. 특히 Z세대와 밀레니얼 소비자들 사이에서 웰니스를 일상에서 중요한 우선순위로 여기고 있으며, 이들은 이전 세대보다 더 많은 웰니스 제품과 서비스를 구매하고 있다고 합니다. 이러한 경향은 건강·수면·영양·피트니스·외모·마인드풀니스 등 여러 영역에서 동일하게 나타나고요.[5] 이처럼 비교적 젊은 나이인 2030부터 건강을 관리하기 시작하는 사람들을 '프리케어' 혹은 '얼리케어'족

몸

이라고 부릅니다.

우리나라의 경우라고 해서 다르지 않습니다. 건강 관리의 시작점도 대폭 빨라지고 있습니다. 엠브레인이 전국 성인 남녀 1,000명을 대상으로 실시한 웰에이징Well-aging 관련 인식 조사를 보면 "젊은 나이부터 웰에이징을 위해 노력하는 경우가 많아진 것 같나요?"라는 질문에 "그렇다"고 답한 비율이 71.2%에 달합니다. 구체적으로는 20대 55%, 30대 49.5%로, 40대 40.5%, 50대 47.5%보다 2030의 비율이 오히려 더 높게 나타나고요. 이러한 경향은 2016년에 비해 최근 더욱 증가한 결과로, 2030세대의 건강에 대한 관심이 계속 높아지고 있음을 알 수 있습니다.[6]

한때 젊음은 '만끽하는 것'이기도 했습니다. 운동이나 다이어트에 몰두하기보다는, 먹고 마시고 놀자는 분위기가 강했던 때가 있었죠. 하지만 최근 한국·미국·일본 등 주요 국가에서 청소년기의 흡연·음주·성경험 비중이 줄고 시작 연령도 늦춰지고 있다고 합니다.[7] 젊음을 탕진하기보다는 잘 관리해가자는 트렌드가 강해지고 있는 것이죠. 자신을 돌보고 가꾸는 자기관리가 이제는 특별한 사람들만의 활동이나 사치가 아닌 자연스러운 라이프스타일로 확고히 자리 잡고 있습니다. 데이터로도 확인할 수 있습니다. "자기관리는 필수다"라는 말에 대부분의 2030 여성이 높은 비율로 동의했습니다.

예전에는 콤플렉스 때문에 간헐적으로 방문했다면, 요즘은 무슨 시술이나 관리든 미리 받으려 하죠. 일찍 그리고 오래 관리해야 한다는 인식이 강해졌어요. 모든 관리의 흐름이 빨라진 것 같아요.

_피부과 원장

자기관리 긍정·부정률 변화

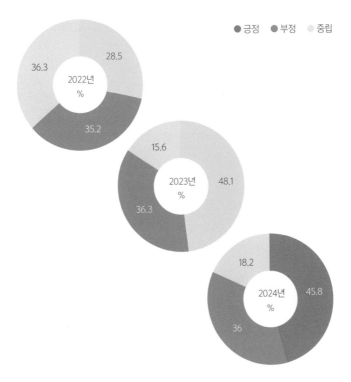

*2024년 7월. ⓒ 코난테크놀로지

몸

코난테크놀로지 설문조사에 따르면 생애 전반에 걸쳐 자기관리를 긍정적으로 생각하는 사람도 점차 늘고 있습니다. 2023년부터는 자기관리를 긍정적으로 평가하는 이들이 부정적으로 평가하는 이들을 앞섭니다. 주변에서 미리 관리를 시작하는 동년배나 나이가 들어도 관리를 꾸준히 이어가는 윗사람들을 보며 깊은 인상을 받는다고 말하거나, 일부는 부러움과 존경의 시선을 보냅니다. 자기관리의 중요성을 다시금 확인할 수 있는 대목이죠.

총체적 관리
건강과 뷰티는 하나다

예뻐진다는 것은 단지 용모의 문제가 아닙니다. 2030 여성에게 몸 관리란 단순히 좋은 피부와 머릿결을 유지하는 일을 넘어섭니다. 건강·화장·시술·성형·패션 등을 포괄하는 매우 총체적인 의미죠. 흔히 화장품으로 대표되는 뷰티에 건강까지 포함되는 셈입니다. 체중 조절을 위한 식단과 다이어트, 혈당 관리, 그리고 운동도 크게 보면 뷰티를 추구하려는 노력의 일환입니다. 외적인 관리와 내적인 관리를 통해 궁극적으로 지향하는 이상적인 모습으로 가꾸는 것이 최종 목표입니다.

최근 콜라겐·비오틴·유산균 등 '먹는 화장품'이라 불리는 이너 뷰티Inner Beauty 제품을 찾는 2030세대가 증가한 현상도 이를 반영한 흐름입니다. 라이프스타일 매거진 〈싱글즈〉에서 실시한 설문조사에 따르면, 2030 여성 10명 중 6명은 이너 뷰티 제품을 구매한 적이 있었습니다. 이 중 41%는 이너 뷰티 제품을 규칙적으로 챙겨 먹는다고 응답했고요.[8] 근래 해외 동년배 사이에서도 외면과 함께 내면을 가꾸는 '인사이드 아웃Inside-out' 뷰티가 새로운 트렌드로 떠오르는 등 다방면의 자기관리를 통해 총체적인 뷰티를 추구하는 움직임이 확산되고 있고요.[9]

30대에 접어들면서는 건강이 뷰티를 포함한다고 인식하는 사람이 늘어납니다. 뷰티를 건강의 일부로 보고, 외형보다 건강함을 중요하게 여기기도 합니다. 흥미로운 점은 이들 또한 한때는 자기관리의 최종적인 목표가 외형을 가꾸는 데 있다고 여겼다는 점입니다. 시간이 흐르면서 저마다의 이유로 건강을 더 중시하는 자기관리 가치관을 갖게 되면서, 이제는 건강해야 외적인 아름다움도 자연스럽게 드러난다고 믿게 된 것이죠.

둘 중 하나에 더 비중을 둘 수는 있겠지만, 2030 여성들에게 건강과 뷰티는 서로 긴밀히 연결되어 있습니다. 외모를 가꾸기 위해 자기관리에 힘쓰는 사람도 내면의 건강을 채워 더욱 조화로운 아름다움을 이루려 합니다. 건강에 중

다이어트를 꾸준히 한다거나, 혈당 관리를
하는 거 그리고 식단이나 운동을 하는 것도
결국에는 아름다움을 추구하는 거잖아요.
_20대 중반 미혼 직장인

어쨌든 건강이 우선이어야 뷰티가
따라온다는 걸 깨달아서요. 뷰티가 건강에
포함되는 것 같아요. 30대인 저에게는
뷰티가 곧 건강이기도 하고요.
_30대 중반 미혼 프리랜서

과거에는 주로 남들에게 보여주기
위해 하는 것들이 많았죠. 근데 이제는
그냥 나 자신을 위해서 하는 것 같아요.
그래서 정말 내 취향을 반영하는 것, 진짜
내가 원하는 것을 했을 때 만족감을 가장
크게 느끼게 된 것 같아요.
_ 30대 초반 기혼 전업주부

점을 두는 사람 역시 몸에 활기가 넘칠 때 외적인 아름다움은 자연스럽게 따라온다고 생각하고요. 이들에게 건강과 뷰티는 양자택일의 문제가 아니라, 두 가지가 조화를 이루어 '균형 잡힌 나'를 추구하는 과정입니다. 그 과정에서 몸에 대한 치열한 자기관리가 자연스럽게 뒤따르고요.

자기관리의 종착점
나다운 추구미

2030 여성의 몸 관리가 과거와 가장 달라진 지점은, 남에게 잘 보이기 위해서가 아니라 자신의 만족을 위해서라는 사실입니다. 아름답게 가꾼 나의 모습을 보며 뿌듯함을 느끼고, 내 몸이 건강해졌을 때 내가 행복하다면 그걸로 충분합니다. 남들에게 어떻게 보이는지는 더 이상 크게 중요한 기준이 아닙니다. 몸 관리는 주체적인 삶의 주인으로서 스스로를 아끼고 사랑하는 방법인 셈입니다. 그렇기에 이들의 자기관리는 매우 자기지향적입니다. 관리하는 방식도 남들이 다 하는 방법이 아니라, 나에게 가장 잘 맞는 방법을 찾아 스스로를 돌봅니다. 재미없어도 참고 견디는 방법보다는 내가 즐겁고 좋아하는 방법을 찾아 자기관리를 실천하는 것이죠.

몸 관리의 지향점은 과시보다는 성장입니다. 설문조사에서도 이를 확인할 수 있습니다. '자기관리를 통해 지금보다 훨씬 나은 사람이 될 수 있다'고 생각하는지 물었더니 90% 이상이 동의했습니다. 특히 연령이 낮을수록 자기관리를 통해 얻는 자기효능감을 더 크게 인지했고요. 이들은 자기관리를 통해 '더 나은 나'로 성장하기를 지향하며, 스스로 그렇게 만들어갈 수 있다는 자신에 대한 확신이 강합니다.

> 예전에는 유행하는 예쁜 얼굴을 추구했다면, 요즘은 자신의 개성을 지키면서 원하는 방향으로의 변화를 원합니다. _피부과 원장

자기관리를 통해 되고 싶은 모습 또한 누군가를 모방하거나 흉내 낸 것이 아닙니다. 가장 자기다운 모습을 찾고 싶어 합니다. 유행하는 미적 기준에 쉽게 흔들리지 않고, 오로지 자신에게 어울리며 나를 가장 잘 표현할 수 있는 길을 찾아갑니다. 그렇기에 이들에게 자기관리는 단순히 외모를 가꾸는 행위를 넘어, 자신의 개성을 돋보이게 하고 내면의 만족을 채우는 주체적인 행위이자 자신에게로 향하는 여정을 위한 도구라고 할 수 있죠. 주도적이고 자기지향적으로 자신을 가꾸는 이들은 자존감이 높습니다. 자신의 흠을 결점으로 생각하지 않으며, 오히려 '나다운 게 어때서?'라는 당당한 태도로 승화합니다. 그리고 이를 오히려 자신만의 강

점으로 받아들이고, 그 강점을 더 나은 나를 만들어가는 동력으로 삼습니다.

'나다운 아름다움'은 요즘 화두인 이른바 '추구미' 개념에서 잘 드러납니다. '추구하는 아름다움美'의 준말인 추구미는 개인이 지향하는 모습과 이미지는 물론, 취향과 가치관까지 포함하는 폭넓은 개념으로, 최근 2030 여성들 사이에서 폭넓게 사용되고 있습니다. 2024년 3월, 한화손보 펨테크연구소는 최근 온라인상에서 '추구미'라는 단어의 언급량이 급격히 증가한 점과 2023년 하반기 이후 추구미가 '워

'워너비' vs. '롤모델' vs. '추구미' 언급량 변화

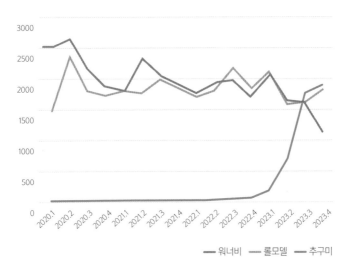

© 한화손보 펨테크연구소 리포트

몸

너비', '롤모델' 등 유사한 단어들의 언급량을 뛰어넘는다는 점에 주목해, 추구미를 2030 여성들의 삶의 지향점을 표현하는 새로운 언어로 정의한 바 있습니다.[10]

추구미는 그동안 이야기하던 롤모델과는 다릅니다. 롤모델이 동시대 대부분의 사람들이 되고 싶어 하는 일반화된 '워너비wannabe'라면, 추구미는 각자가 이상형을 정의하고 따르는 개인화된 지향점입니다. 롤모델이 연예인 같은 특정인을 지칭한다면, 추구미는 그 사람을 넘어서는 분위기·느낌·아우라를 포함합니다.

그중에서도 특히 주목을 끄는 표현은 20대 여성의 인터뷰에서 주로 등장하는 '사랑받고 자란 이미지'입니다. 이들은 티 없이 밝고 활기차서 사랑받고 자란 느낌이 드는 모습을 가장 선호했는데요. 겉으로 예쁜 것보다는 내면의 긍정적인 에너지와 자신감을 추구하는 셈입니다. 육각형 인간의 핵심 요소인 '좋은 가정'에서 자라난 이미지가 외적으로도 드러나기를 바라는 것이죠.

반면 30대의 추구미는 약간 다릅니다. 고급스럽고 우아함을 추구미로 삼는 사람이 늡니다. 20대와는 또 다른 삶의 단계에 들어서는 30대 여성들은 단순히 밝고 생기 넘치는 모습보다는, 성숙하고 세련된 이미지를 지향합니다. 특히 이들이 말하는 고급스럽고 우아한 모습은 단순히 외적인 이미지에 머물지 않습니다. 품격 있는 언행과 태도 그리고 내면에서 우러나오는 세련된 아우라 등 여러 요소가 고급스러움의 중요한 요소로 작용하고 있습니다. 종합하자면 현재 2030 여성의 추구미는 단순히 외적으로 보여지는 모습을 넘어, 삶 전반에서 드러나는 자신만의 깊은 분위기와 존재감으로 확장되고 있는 것이지요.

개개인마다 지향하는 궁극적인 추구미는 각자 다르지만, 2030 여성들의 추구미는 삶의 지향점을 나타내기도 하는 만큼 공통의 가치 역시 분명 존재합니다. 가장 대표적인 게 앞서 언급한 '나다움'입니다. 인터뷰에서도 많은 이들이 '자기만의 서사가 있는', '고유함', '본인이 가진 매력', '자연스럽게' 등의 표현을 통해 나다움을 강조하는 모습을 보였는데요. 인위적인 아름다움, 자신의 본모습을 억지로 바꾸는 부자연스러운 변화를 지양합니다. 본연의 개성과 나만의 고유한 분위기를, 자연스럽게 자신의 잠재력을 끌어올릴 수 있는 아름다움, 즉, 나다운 미美가 이들이 추구하는 진정한 이상향입니다.

추구미의 확장
"탄탄한 근육질의 몸을 갖고 싶어요"

보호 본능을 불러 일으키는 하늘하늘하고 여리여리한 이미

제 추구미는 자기만의 스타
일을 차곡차곡 쌓아 올린
듯한 그런 서사가 있는, 고
유의 분위기와 미를 가지고
있는 거예요.
_20대 중반 미혼 프리랜서

밝고 건강해 보이는 느낌?
항상 웃고 다니는 밝은 이
미지를 닮고 싶다고 생각했
어요. 타고난 긍정적인 마
인드를 가지고 있는 사람,
보면 기분이 좋아지는 그런
이미지를 좋아하는 것 같
아요.
_20대 중반 미혼 직장인

인위적인 아름다움이 아니고 우아하고 고급진, 아우
라 있는 모습이 제 추구미예요. 그 안에는 그 사람의
분위기뿐만 아니라 자연스러운 언행, 태도가 다 포함
되는 것 같아요.
_30대 중반 기혼 직장인

지 대신 탄탄한 근육이 돋보이는 건강한 몸이 아름답다고들 말합니다. 마른 몸매보다는 근육에서 나오는 체력과 건강함이 느껴지는 몸을 자기관리가 잘 된 이상적인 모습으로 여기는 것이죠. 나이나 결혼 여부와 같은 배경에 관계없이, 대다수의 2030 여성들은 운동을 통해 탄탄한 근육이 형성된, 건강함이 드러나는 몸을 선호했습니다. 설문조사를 통해 지향하는 신체적 추구미에 대해 질문한 결과, 약 68.9%의 여성들이 '마르지는 않았지만 복근 잡힌 몸매'를 선호한다고 답했습니다.

한화손보 펨테크연구소 리포트 'PHYSICAL TREND: 도전하는 여성'에서도 최근 2030 여성들 사이에서 체력에 대한 관심이 높아짐에 따라 운동에 대한 언급도 크게 증가하고 있었습니다. 특히, 근육으로 다져진 탄탄한 몸을 만들기 위해 다양한 기구를 활용하여 어깨·하체·등·복근 등 부위별 근육 운동을 즐기는 추세입니다. 소위 '득근('근육을 얻는다'의 준말)'에 대한 이들의 높은 관심을 알 수 있는 결과죠.[11]

단순한 외형 변화가 아니라 자신의 몸에 대한 전반적인 인식 변화, 활용 메커니즘이 달라지고 있습니다. '여자라서 약하다'는 기존의 관념을 뛰어넘어 스스로 증명하는 자기효능감을 느끼는 수단으로서 몸은 직관적이고 확실한 증거인 셈입니다. 이를 증명하듯 최근 운동하는 여성의 양상은 과거와는 다릅니다. 최대한 마른 몸을 유지하기 위한 고독한

저는 근육이 있는 몸이 외적
으로 아름답다고 생각해요.
건강하고 액티브한 느낌을
추구하고요. 사람을 봤을 때
긍정적이고 에너지가 건강해
보이는 게 중요하다고 생각
해서 추구미라고 생각해요.
보여지는 겉모습이 억지스러
운 것보다 좀 자연스럽고 털
털한 모습을 아름답다고 생
각해요.

_30대 초반 기혼 전업주부

몸이 건강하면 자기관리가
잘 되어 있으니까 뭘 입거나
뭘 해도 멋있게 보이는 것
같아요. 탄탄한 근육이 많은
몸이 이상향이에요.

_20대 후반 미혼 직장인

Q. 둘 중 하나만 선택해야 한다면 어떤 몸매를 선호하시나요?

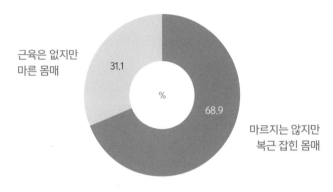

근육은 없지만
마른 몸매
31.1

%

68.9

마르지는 않지만
복근 잡힌 몸매

ⓒ 소비트렌드분석센터

전체 vs. 2030 여성 커뮤니티 내 운동 언급량 변화

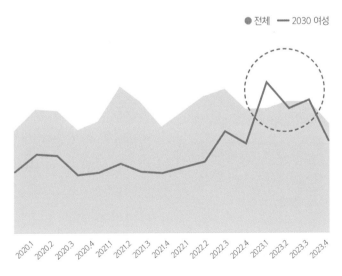

● 전체 ━ 2030 여성

2020.1 2020.2 2020.3 2020.4 2021.1 2021.2 2021.3 2021.4 2022.1 2022.2 2022.3 2022.4 2023.1 2023.2 2023.3 2023.4

ⓒ 한화손보 펨테크연구소 리포트

몸

달리기는 페이스를 늘리고 서로를 응원하면서 함께 하는 러닝크루로 변모했고요. 크로스핏이나 풋살처럼 거칠고 강도도 높아 남자들의 운동으로 인식되던 영역에도 여성들의 참여가 높아지고 있습니다.

때로는 트렌드를 이끌기도 하지만, 대중들의 관심에 가장 민감하게 반응해 현실을 보여주는 미디어 속 여성들의 모습도 변화해왔습니다. 여배우들의 철인 3종 경기 도전기인 tvN 〈무쇠소녀단〉은 전원 완주라는 드라마를 보여줬고, 2021년 설날 특집 파일럿 프로그램으로 시작한 SBS의 〈골때리는 그녀들〉은 그해 정규편성되어 지금까지 이어지고 있습니다. 넷플릭스의 〈사이렌 : 불의 섬〉, 채널A의 〈강철부대 W〉는 운동 프로그램은 아니지만 '강한 여성', '효율적이고 기능적으로 신체를 사용해 한계를 뛰어넘는' 모습으로 여성 팬들의 응원을 받았습니다. 이러한 모습들이 특별한 소수의 이야기가 아닌 '나도 해볼까'라는 공감의 영역으로 확장된 것은 이전 세대와는 달리 주체적이고 능동적으로 자라온 2030세대의 성장배경과 무관하지 않죠. 나아가 건강함이 상징하는 여유로운 삶과 긍정적인 기운에 대한 동경도 담겨있다고 볼 수 있습니다.

익숙해졌다고 해서 쉬운 것은 아닙니다. 자기관리는 쉽지 않습니다. '세 살 버릇 여든 간다'처럼 버릇을 고치는 것이 얼마나 어려운지를 잘 표현해온 속담도 있잖아요. 호모

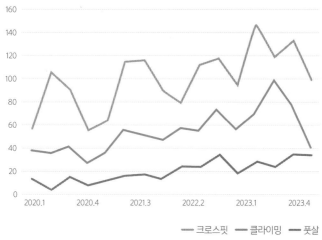

여성 커뮤니티 내 '크로스핏' vs. '클라이밍' vs. '풋살' 언급량 비교

크로스핏 ━ 클라이밍 ━ 풋살

© 한화손보 펨테크연구소 리포트

사피엔스의 오랜 진화를 통해 형성된 본능을 거슬러야 한다는 어려움도 있습니다. 결의를 단단히 하더라도 당장 두 가지 제약 조건과 마주칩니다. 시간과 돈입니다. 일분일초를 아껴야 하는 분초사회[12]를 살아가야 하는 현대인은 본업과 사이드 프로젝트 그리고 휴식과 놀이에만도 하루 24시간이 턱없이 부족하죠. 비용도 문제입니다. 건강이든 뷰티든 요즘 관리에는 만만치 않은 비용이 필요합니다. 이러한 제약을 뚫고 대한민국 2030 여성들은 어떻게 몸 관리를 하고 있을까요? 과거와는 달라진 특별한 방법이 있을까요?

건강과 뷰티도 자산배분하듯
포트폴리오 전략

자기관리에 열심인 사람들의 이야기를 들어보면 공통점이 있습니다. 한 가지 방법만 쓰지 않는다는 점입니다. '포트폴리오식 자기관리'라고 할까요. 포트폴리오는 주로 금융 분야에서 사용되는 개념으로, 투자에서 위험을 최소화하고 수익을 극대화하기 위해 주식·채권·현금 등 다양한 형태로 자산을 적절히 배분하는 전략을 뜻합니다. 요즘 자기관리가 이와 유사합니다. 마치 투자처럼, 저마다 최적의 자기관리를 위한 포트폴리오를 구성해 실천합니다.

피부 상태에 따라 그때그때 적합한 화장품이나 시술을 선택해 피부를 관리하고, 건강 밸런스를 유지하기 위해 자신에게 꼭 맞는 영양제를 매일 조합해 챙겨 먹습니다. 운동도 마찬가지입니다. 하나에만 집중하기보다는 목표에 맞춰 최소 두 가지 이상의 운동을 병행하고, 몸의 컨디션에 따라 횟수를 조절하는 유동적인 방식으로 자신을 가꿉니다.

이를 위해 건강 기록 코칭 앱도 적극적으로 사용합니다. 스마트폰이 생활 깊숙이 들어오면서 일상생활에, 특히 건강 관리에 앱을 활용하는 것은 자연스럽지만, 특히 2030세대는 건강 관리 앱을 적극적으로 활용합니다. 인크로스데이터랩의 보고에 의하면, 건강 관리 전반을 아우르는

X세대가 주로 사용하는 '건강 관리' 앱

순위	통합 카테고리 내 순위
1 통합	삼성헬스 49.3%
2 만보기	인바디 2.7%
3 러닝·마라톤	구글피트니스 1.7%
4 식단·체중관리	Mi피트 1%
5 운동코칭·트레이닝	

Z세대가 주로 사용하는 '건강 관리' 앱

순위	통합 카테고리 내 순위
1 통합	삼성헬스 31.3%
2 러닝·마라톤	인바디 5.4%
3 식단·체중 관리	구글피트니스 1.6%
4 운동코칭·트레이닝	Mi피트 1%
5 만보기	

러닝·마라톤 카테고리 내 순위

런데이 1.9%

나이키런 클럽 1.4%

*2024년 2월, ⓒ 인크로스데이터랩

앱보다는 러닝·마라톤, 식단·체중 관리 등 구체적인 목적을 위해 특화된 '버티컬앱'을 복합적으로 사용하는 것을 선호한다고요.[13]

몸

'너 자신을 알라'
자기 리터러시 전략

포트폴리오를 체계적으로 잘 운영하는 첫걸음은 자기 자신을 정확히 이해하는 것부터입니다. 최근 2030세대의 열정적인 자기관리 뒤에는 높은 자기 이해력 즉, '자기 리터러시'가 단단히 자리 잡고 있습니다. 재무 관리에서 재정 상태에 맞는 목표수익률을 정하듯 자신의 특성과 니즈를 잘 알고, 나에게 맞는 관리법도 정확히 파악하고 있습니다. 그렇기에 현재 상태를 세심하게 살피며 다양한 자기관리 방법을 조합해 자신을 가꿀 수 있는 것이고요.

자기 리터러시에 대한 높은 열망은 최근 유행하는 '퍼스널 컬러' 진단에서도 쉽게 찾아볼 수 있습니다. 개인의 피부톤에 맞는 색채를 제안해주는 이 서비스는 몇 해 전부터 2030세대에서 큰 인기를 얻으며, 이제는 대중적인 뷰티 용어로 자리매김했습니다. 2030 여성 1,200명을 대상으로 "화장품을 구매할 때 퍼스널 컬러를 고려하는 편인가요?"라고 질문했을 때, 20~24세의 68%, 25~29세의 74%, 30~34세의 62.5% 그리고 35~39세의 59%가 "고려한다"고 답했습니다. 2030 여성의 대다수가 화장품을 구매할 때 자신의 퍼스널 컬러를 중요하게 생각하며, 30대보다 20대에서 이러한 경향이 더 두드러짐을 확인할 수 있습니다.

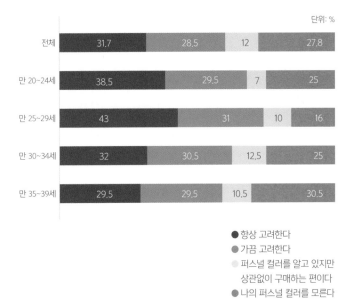

Q. 화장품을 구매할 때 퍼스널 컬러를 고려하는 편인가요?

단위: %

	항상 고려한다	가끔 고려한다	퍼스널 컬러를 알고 있지만 상관없이 구매하는 편이다	나의 퍼스널 컬러를 모른다
전체	31.7	28.5	12	27.8
만 20~24세	38.5	29.5	7	25
만 25~29세	43	31	10	16
만 30~34세	32	30.5	12.5	25
만 35~39세	29.5	29.5	10.5	30.5

● 항상 고려한다
● 가끔 고려한다
○ 퍼스널 컬러를 알고 있지만
　상관없이 구매하는 편이다
● 나의 퍼스널 컬러를 모른다

© 소비트렌드분석센터

　이들은 퍼스널 컬러 같은 뷰티 컨설팅 외에도 혈당 체크, 수면 패턴 진단 등 다양한 방식으로 자신의 몸과 건강을 모니터링합니다.[14] 얼굴형의 단점을 보완하고 장점을 극대화하는 헤어스타일을 찾아주는 '헤어 컨설팅', 신체 골격과 체형을 진단해주고 그에 어울리는 패션 스타일링 방법을 제안해주는 '스타일 컨설팅', 개인의 체질과 몸 상태에 맞춰 개인화된 운동법과 식단 등을 제공하는 '다이어트 컨설팅', 골격을 분석해 건강 관리의 방향성을 알려주는 '골격 분석 코칭' 등 다양한 퍼스널 컨설팅이 인기를 얻고 있습니다.[15] '내 몸 사용 설명서'가 다채롭게 채워질수록 스스로에 대한 이해도 깊어지는 것이죠. 설명서는 나에게 가장 적합한 정보와 해결책을 상황에 맞게 취사선택하여 자기관리를 실천할 수 있는 근거들이기도 합니다.

최근에는 유전자 검사도 마다하지 않는다고요. 성격 유형을 파악하는 MBTI를 넘어 타고난 신체적 기질을 알 수 있는 '몸BTI'에 대한 관심이 높습니다. 유전자 검사를 내가 어떤 사람인지 이해하는 수단으로 인식하는 것이죠. 검사 결과를 통해 자신의 몸을 분석하여 부족한 영양소와 발병 가능성이 높은 질병을 미리 파악하고, 이를 바탕으로 보다 효율적으로 신체를 관리합니다. 최근 몇 년 사이 틱톡 등 SNS 피드에서 #mygenes라는 챌린지가 유행했는데요. 음악에 맞춰 부모의 유전적 특징을 보여주고, 이를 바탕으로 자신의 나이·국적·키·눈동자 색깔 등을 공개하는 영상들이 속속 올라왔습니다. 자신을 이루고 있는 유전적인 요소를 이해하고, 이를 통해 자신을 표현하고자 하는 2030세대의 경향을 간접적으로 보여주고 있죠.[16] 이렇게 유전자 검사에 대한 수요가 증가함에 따라, 보건복지부는 2024년 상반기에 소비자가 직접 검사를 의뢰하는 DTC^{Direct To Consumer} 유전자 검사기관 5곳을 추가로 인증하기도 했습니다.[17]

야금야금 예뻐지기
원포인트업 전략

자기관리의 또 다른 특징은 바로 '원포인트업'입니다. 지금 도달 가능한 한 가지 목표를 세워 실천함으로써, 나다움을 잃지 않는 자기계발의 새로운 패러다임인데요. 현재에 충실하며 한 가지씩 바꿔가는 느린 진화를 추구함으로써 질적 변화에 집중합니다.[18] 원포인트업 패러다임 아래서 2030 여성들은 나 자신을 머리부터 발끝까지 개조하는 듯한 100단위의 큰 변화는 지양합니다. 10단위의 자기발전도 과하다고 느끼고요. 딱 1만큼씩 자신을 가꾸고 100에서 101만큼, 101에서 102만큼 자연스럽게 조금씩 업그레이드하길 원합니다.

> 예전엔 코나 입술 등을 특정 모양으로 해달라고 했다면, 요즘은 어떠한 시술을 하든 자연스러움을 요구하는 경우가 많아졌죠. 그래서 성형 수술보다는 레이저, 스킨 부스터 같은 시술을 더 원하세요.
>
> _피부과 원장

과거에는 뚜렷한 변화와 눈에 띄는 외형 개선을 추구하는 경향이 강했기 때문에 얼굴이나 몸의 특정 부위를 유행에 맞게 바꾸려는 요구가 컸다고요. 성형을 예로 들면 과거

몸

화장품은 밤에 레티놀이나 비타민C를 번갈아 바르고요. 모공이 신경 쓰이면 새 살 채우는 레이저, 건조하면 스킨부스터, 탄력이 떨어지면 리프팅을 받죠.

_20대 후반 미혼 직장인

종합 비타민, 유산균, 오메가3를 기본으로 그때그때 여러 개 조합하죠. 머리나 손톱이 안 좋으면 비오틴, 잠 안 오면 마그네슘, 요즘엔 피부 때문에 글루타치온, 콜라겐을 먹어요.

_30대 중반 미혼 직장인

100에서 120이 아닌, 야금야금 예뻐지는 거요. 그러니까 뭔가 100에서 101, 102, 103 정도로 예뻐지는 자연스러움이 좋아요.

_30대 초반 미혼 직장인

에는 특정 연예인을 모델 삼아 얼굴을 크게 고치는 것을 불사했습니다. 하지만 지금은 자기 개성을 유지하면서 문제라고 생각하는 부분을 '조금씩 조금씩' 개선하려 합니다. 그래서 드라마틱한 성형 '수술'보다 티 나지 않게 개선되는 미용 '시술'을 선호하고요. 이러한 움직임 역시 세계적으로 나타납니다.

2023년 국제미용성형수술협회가 발표한 '글로벌 미용 시술·성형 수술 연례 보고서'에 따르면, 2023년 한 해 동안 세계적으로 3,490만 건의 외과적 성형수술 및 비외과적 미용 시술이 이루어졌는데, 이는 2022년 대비 3.4% 증가한 수치인 것으로 나타났습니다. 전체 3,490만 건 중 성형 수술은 총 1,580만 건, 미용 시술은 총 1,910만 건으로 집계되어 세계 각국에서도 미용 시술을 더 선호하는 추세임을 알 수 있고요.[19]

비슷한 맥락에서 유행하는 말이 '꾸안꾸'입니다. 이 말은 '꾸민 듯 안 꾸민 듯'의 줄임말로, 옷차림이나 화장 등에 신경을 써서 꾸몄지만, 마치 자연스러운 본래 모습같이 보이는 상태를 의미합니다. 최근에는 드뮤어룩이라는 말도 등장했습니다. 드뮤어란 '얌전한', '조용한'을 뜻하는 프랑스어 'demeur'에서 파생된 단어로, 미니멀한 디자인과 차분한 색감을 활용해 과한 화려함을 지양하고 자연스러움을 추구하는 패션 트렌드입니다. 꾸안꾸 패션과 드뮤어룩 모두 자연

몸

스럽게 업그레이드된 것처럼 보이게 하는 스타일링으로서, 최근 패션과 뷰티의 일반적인 트렌드가 자기지향적인 원포인트업에 초점이 맞춰져 있음을 보여줍니다.

원포인트업 전략처럼 실천의 목표가 작아지면 매일매일 꾸준한 실천하는 것이 중요해집니다. '큰 한 방'이 아니라 '작은 루틴'에 주목하는 것이죠.

2030 여성들은 한 단계씩 자신을 소중히 가꾸기 위해 생활 속 작은 자기관리 루틴을 만들어 이를 꾸준히 유지하려고 노력하는 중입니다. 루틴routine이란 매일 수행하는 습관이나 절차를 의미하는데요. 뒤처지는 느낌, 잘 살지 못하고 있다는 불안감, 시간을 잘 통제하고 있는지에 대한 의문스러운 마음에 맞서 나타났습니다. 외부적 통제나 기준이 사라진 자리에 나의 삶을 내가 잘 통제할 수 있다는 것을 확인하고자 하는 마음이 자기관리 영역에서도 나타나, 스스로 루틴을 만들어 자신만의 일상과 아름다움을 지켜가려는 경향이 커진 거죠.[20]

이러한 경향과 맞물려 '괄사'의 인기도 주목할 만합니다. 괄사는 두피·얼굴·팔·목·다리 등 신체 여러 부분을 적당한 압력으로 마사지해 혈액 순환과 붓기 제거를 돕는 기구입니다. 관리가 필요한 부위에 오일이나 크림을 충분히 바르고, 10분 내외의 시간 동안 부드럽게 마사지할 때 사용합니다. 휴대하기 간편한 사이즈와 디자인, 짧은 시간을 들여 수시로 관리가 가능하다는 점, 제대로 사용하면 즉각적인 붓기 제거 효과를 볼 수 있다는 점이 자연스럽게 2030 여성들의 루틴에 스며들었습니다. 괄사는 젊을 때부터 조금씩 관리해 노화를 늦추고 자연스럽게 나이듦을 추구하는 얼리 안티에이징 트렌드를 잘 반영하는 기구인 셈이죠. 실제로 빅데이터 분석 플랫폼 썸트렌드에 따르면, 2023년 '괄사' 키워드 언급량은 2022년 대비 32.04% 증가한 것으로 나타났습니다.[21] 틱톡에서도 #guasha로 업로드되는 게시물의 조회 수가 기본적으로 몇백만 회에서 많게는 수천만 회를 기록하고 있고요.

피부는 물론 두피·머릿결·바디·체취 관리까지 모두 아우르는 '나이트 케어 루틴'이나, 따뜻한 물 한 잔 마시기, 가벼운 스트레칭 하기, 영양제 챙겨 먹기 등을 아침마다 습관적으로 실천하는 '모닝 루틴' 등 다양한 관리 루틴이 SNS에서 활발히 공유되고 있습니다. 최근에는 미국에서도 소위 '갓생(God+生의 합성어)'을 살고 싶은 2030 여성들을 중심으로 아침에 한 시간 일찍 일어나기, 침구 정리하기, 핸드폰 멀리하기, 물 한 잔 마시기 등을 실천하는 '댓 걸 루틴That Girl Routine'이 유행하고 있고요. 또한 깨끗한 피부와 건강미 넘치는 몸을 가꾸기 위해 스킨케어·식단·운동 등 철저한 자기 관리를 실천하며, 미니멀하면서도 여유로운 패션과 라이프스타일을 지향하는 '클린 걸 에스테틱Clean Girl Aesthetic'도 꾸준히 큰 인기를 끌고 있습니다.

　　매일의 실천이 어려울 때에는 특정한 날을 잡아 주기적으로 관리를 실시하기도 합니다. '관리데이', '뷰티데이' 등을 정하는 것인데, 한 달에 한 번 또는 몇 개월에 한 번씩, 개인의 필요에 맞춰 하루를 온전히 나만을 위한 '관리의 날'로 정합니다. 이 날에는 이른 아침부터 늦은 오후까지 네일아트, 피부과 시술, 미용실 등 다양한 케어 서비스를 순차적으로 받으며 전신을 관리합니다. 여기서도 중요한 것은 격주든 한 달에 한 번이든, 거르지 않을 자기만의 루틴으로 만들어가는 일이고요.

문제는
나다움이다

불과 몇 년 전만 해도 SNS를 통한 '만인 대 만인의 비교'가 극대화되면서 완벽한 인간이 돼야 한다는 강박이 심해졌습니다. 집안·학력·자산·직업 등은 물론이고 건강과 미모를 비롯해 삶의 거의 모든 영역에서 스스로가 육각형 인간임을 끊임없이 증명해야 하고, 서로를 수치화해 평가하는 분위기도 만연했고요. 어느 한 부분이라도 부족하면 완벽하지 않다는 낙인이 찍히고, 모든 면에서 뒤처지지 않는 삶을 살아야 한다는 부담이 2030 여성들의 어깨를 무겁게 짓눌러오고 있었습니다. 그때 등장한 것이 바로 나다움을 찾는 일입니다. 최근 몇 년간 무한 성장과 질주를 조장하던 자기계발과는 또 다른 양상이죠. 무차별적인 비교의 시대에 자신의 매력을 찾아내 조금씩 성장하며 스스로를 지키고 나아가는 새로운 길이, 자기관리인 셈입니다.

해외에서는 룩맥싱Looks Maxxing이라는 신조어가 화두였습니다. '자신의 외모를 최대치로 끌어올리려는 현상'을 지칭하는 말인데요. 이와 더불어 최근 자주 검색되고 있는 용어 중 '미이즘Meism'이라는 말이 있습니다. 미이즘은 나를 뜻하는 'me'와 주의나 이념을 뜻하는 '-ism'의 합성어로 자신의 삶을 최우선으로 생각하는 사고방식을 의미합니다. 룩맥싱, 미이즘 그리고 대한민국 2030세대의 중심 화두가 자기관리를 통한 '나다움'에 방점이 찍히면서, 이 비교의 무한질주 속에서도 실낱 같은 희망의 빛이 보입니다. 비교의 무간지옥에서 벗어날 수 있는 동아줄이 만들어지고 있기 때문입니다. 사회적으로 강요되는 몸과 아름다움의 정형성에서 벗어나 나의 삶을 당당히 주도하는 라이프스타일로, '남에게 피해를 주지 않으면서 자신이 하고 싶은 일을 하는 가치관'[22]으로 확장되는 나다움은 각 개인을 그리고 우리를 더 나은 미래로 데려다주지 않을까요.

Me

마음

"명랑한 멘탈 금수저가
되고 싶어요"

요즘 유행하는 취미 중 눈길을 사로잡는 것이 있습니다. 바로 뜨개질입니다. 다이소나 네이버 스마트스토어 등 온·오프라인을 막론하고 뜨개질 관련 기획전이 크게 열리고, 취미·실용 분야 베스트셀러 목록에서 뜨개질 책을 심심찮게 볼 수 있습니다. 뜨개실을 구경하고 직접 만들어볼 수도 있는 뜨개 카페가 핫플레이스로 떠오르는 등 2030 여성들의 뜨개질에 대한 관심이 남다릅니다. 넷플릭스·디즈니플러스·쿠팡플레이 등 다양한 OTT의 인기 콘텐츠를 보기에도 바쁘고, 인스타그램·틱톡·페이스북 같은 SNS도 꾸준히 업데이트해야 하며, 유튜브에는 매일 새로운 영상이 업로드되는 이 시대에, 왜 뜨개질일까요? 이 질문에 대한 대답은 한결같습니다. 뜨개질을 하다 보면 스트레스가 줄고 힐링된다고요.[1] 뜨개질의 가장 큰 목적은 멘탈 관리라는 이야기입니다. 좋은 문구를 그대로 옮겨 적는 '필사'나 완성될 때까지 긴 시간을 기다려야 하는 베이킹이 젊은이들에게 각광을 받는 것도 같은 맥락입니다.

언제부턴가 우리는 '멘탈'이라는 말을 자주 쓰고 있습니다. '멘탈 붕괴'의 준말인 '멘붕'이 인기 예능 방송 프로그램의 자막으로 소개되고, 이후 남녀노소 가리지 않고 '멘탈이 약하다', '멘탈이 강철이다', '멘탈 무너지기 직전', '유리 멘탈' 등 일상적으로 쓰이게 된 것이겠죠. 익숙해지면 알고 싶어지는 걸까요. 사람들은 멘탈, 즉 우리의 정신 상태 혹은 정신 건강에 대해서도 많은 관심을 갖게 되었습니다. 정신과 상담이 흔한 일이 되고, 누군가 우울하거나 힘든 일이 있으면 "상담 받아봐" 혹은 "약을 먹어봐"라는 조언이 결코 실례가 아닌 시대입니다.

멘탈이 흔들리면 모든 것이 동요합니다. 자기관리가 삶의 중요한 화두인 2030 여성들은 이를 잘 알고 있습니다. 국내 2030 여성을 대상으로 한 설문조사에 따르면, 전체 응답자의 약 60%가 건강한 삶을 위해 가장 중요한 1순위 요소로 "스트레스 관리"를 꼽았습니다. 이는 "신체 운동"이나 "식단 관리"보다도 단연 앞서는 수치로, 현대인들에게 멘탈 관리가 삶의 질을 좌우하는 핵심 요소로 자리 잡았음을 시사합니다. 멘탈 관리가 일상 깊숙이 자리 잡기까지, 2030 여성의 멘탈을 흔든 것은 무엇일까요? 흔들리는 멘탈을 어떻게 자신만의 방법으로 관리하고 있을까요?

'혹시 나도 토스트아웃일까?'

살면서 스트레스를 많이 받는 것이 어제오늘의 일은 아니지만, 2030세대가 호소하는 우울과 피로감은 우려할 만한 수준입니다. 건강보험심사평가원 자료에 따르면 최근 국내 우

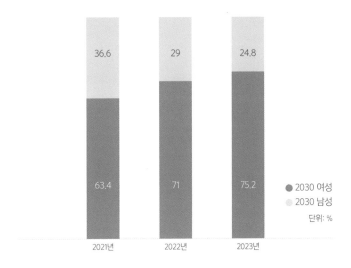

2030 여성 vs. 2030 남성 커뮤니티 내 '번아웃' 언급 비중 변화

36.6	29	24.8
63.4	71	75.2
2021년	2022년	2023년

● 2030 여성
● 2030 남성
단위: %

© 한화손보 펨테크연구소 리포트

울증 환자 수가 100만 명을 넘어섰는데요. 이 중 35.9%가 2030세대였습니다. 최근 5년 새 2배 가까이나 증가한 수치입니다. 이 경향은 특히 여성에게 더 강하게 나타나는데, 한화손보 펨테크연구소 리포트 '여성의 정신 건강'에 따르면, 온라인 커뮤니티에서 '번아웃'을 언급한 2030 여성의 비중은 2021년 63.4%에서 2023년 75.2%로 크게 증가했습니다. 대한민국이 점점 더 우울해지고 있는데, 그중에서도 2030 여성의 문제가 가장 심각하다는 의미죠.

번아웃은 말 그대로 아주 새까맣게 타버린 것을 뜻하죠. 그냥 아무것도 남지 않은 상태, 즉 더 이상 뭘 할 수 없는 상태입니다. 이렇게 극단적인 상태로까지 가기 전에, 경고 신호를 보내는 그 전 단계가 분명 있었을 겁니다. 한화손보 펨테크연구소의 리포트에 따르면 소셜미디어에서 다음과 같은 내용의 게시글을 종종 발견할 수 있습니다.

> 요즘은 번아웃까지는 아닌데 의욕이 없어요. 아무것도 하기가 싫은 느낌? 저는 지금껏 성과를 위해 열심히 달려왔는데, 막상 원하는 만큼 이루지 못한 것 같아서… 번아웃이 오면서 무기력증이 같이 왔어요. _30대 초반 미혼 직장인

2030 여성들 사이에서 '토스트아웃'이라는 신조어가 뜨고 있습니다. SNS에서는 "나 토스트아웃 왔어"라는 글과 함께 갈색빛으로 구워진 토스트 사진을 첨부한 게시물을 흔히 볼 수 있습니다. 토스트아웃이란 피로와 무기력에 빠진 상황을 뜻하는데요. 번아웃이 스트레스로 인해 완전히 지쳐버린 상태를 뜻한다면, 토스트아웃은 그 직전 단계에 해당합니다. 완전히 다 타버리진 않았지만 노릇노릇하게 구워진 토스트 같다는, 조금만 더 이 상태로 있다간 번아웃이 될 것 같다는 비유적 표현입니다.

해당 비유에 공감하는 이들이 많아지면서, 심지어는 토

스트아웃을 세분화한 밈meme도 주목받고 있습니다. 예를 들어 하루가 짠내 나는 일로 가득했다면 '햄토스트', 체력이 바닥나 흐물흐물한 상태라면 '양상추토스트', 힘들어서 마치 녹아내릴 것만 같은 때에는 '버터토스트'라 부르는 식입니다.[2] 무기력하고 지친 일상을 재미있는 토스트 형식으로 표현했지만, 마냥 웃을 수만은 없어 보입니다.

왜 이렇게 많은 사람들이 토스트아웃을 호소하게 되었을까요? 다양한 이유가 있겠지만, 매일매일 생산적으로 부지런히 살아내야 하는 이른바 '갓생(God+생)'이 그 원인 중 하나로 지목됩니다. 부지런히 자기계발을 하고, 해야 할 일을 완벽히 해내며, 건강까지 챙기는 삶이 이상적으로 여겨지는 시대니까요. 갓생이 은연중에 일상으로 자리 잡으면서, '과로'라는 부작용을 낳습니다. 힘든 일상을 버티다 보니 점차 의욕이 감소하고, 모든 것이 귀찮고, 쉬어도 피로가 가시지 않는 무기력증에 빠지죠. 혹시 이러한 증상이 남의 일이 아니라면 여러분도 이미 토스트아웃 상태일지 모릅니다.

물이 천천히 끓는 냄비 속 개구리가 더 위험하다고 하죠. 토스트아웃은 얼핏 번아웃보다 덜 심각해 보일 수 있지만, 그렇지 않습니다. 번아웃을 경험하는 사람들은 이를 인지하고 휴식을 취하며 회복에 힘쓰지만, 토스트아웃은 그대로 방치해 문제가 더 심각해지기 쉽기 때문입니다. 전문가들도 토스트아웃 상태일 때 자신을 잘 돌보고 적절히 관리

마음

하는 것이 중요하다고 조언합니다.[3] 무엇보다도 가장 중요한 첫 단계는 내가 지금 지쳐 있고, 무기력해졌다는 것을 스스로 인지하는 것입니다. 일상을 천천히 재조명하며 마음을 돌보고, 번아웃이 오지 않도록 마음을 컨트롤하는 힘을 기르는 것이 중요하죠.

'자책'과 '성장' 그 사이에서

서비스를 운영하면서 가장 크게 깨달은 것이, 요즘 2030은 기본적으로 자책이 심하다는 거예요. 번아웃 멘탈 관리 프로그램을 진행해보니 "왜 이것밖에 못해?" "왜 이 모양이야?" 하면서 특히 여성들이 자책을 키워드로 가지는 경우가 많았어요. 심지어 다른 사람이 잘한다고 칭찬받으면, 그 사람과 자신을 비교하곤 해요. 비교와 이를 통한 자책은 발전의 동력이 되기도 하지만, 때로는 자신을 끊임없이 채찍질하며 억누르는 도구가 됩니다.

_멘탈건강 서비스 플랫폼 대표

자신을 향한 '과한' 채찍질은 자신을 궁지에 몰아넣고 자괴감을 느끼게 만듭니다. 한화손보 펨테크연구소가 2030 여성들이 일상에서 느끼는 부정적 감정을 연구한 바에 따르면 이들이 가장 많이 느끼는 부정적 감정은 "자괴감"으로 나타났습니다. 구체적으로 2030 여성들은 다른 연령대나 2030 남성에 비해 자괴감을 최대 3배 더 많이 언급하고 있었고요. 실제 언급된 발화를 살펴보면 회사에서 실수했을 때, 기대와 다른 현실을 마주했을 때 등 스스로에 대한 평가로부터 비롯되고 있음을 알 수 있었고요.

《피로사회》를 쓴 한병철 교수는 저서에서 '피로사회는 자기착취의 사회이며, 피로사회에서 현대인은 피해자인 동시에 가해자이다'라고 지적한 바 있습니다.[4] 자본주의 체제 아래 사람들은 개인을 착취하는 외적인 지배기구에서 벗어나 자유로움을 얻었지만, 이러한 자유 속에서 사람들은 오히려 타인과 자신을 비교하며 착취하는 '지배 없는 착취'를 선보인다는 것입니다. 이러한 관점에서, 현대인에게서 두드러지는 자괴감과 자책감은 끊임없이 성장해야 한다는 마음에서 비롯된 자기착취의 결과물일 수 있습니다.

이는 소셜미디어의 발달과도 관계가 깊습니다. 소셜미디어는 타인과의 비교를 더욱 극대화하니까요. 삶의 모든 순간이 SNS 속 사진처럼 행복하지 않음에도 불구하고, 남들의 과장된 행복을 보고 있노라면 점점 작아지는 우리 자신을 발견할 수 있습니다. 비교 대상도 확장되고요. 과거에는 친구와 이웃 사이에서 펼쳐지던 비교가 이제는 나와 전혀 상관없는 유명 인플루언서로 확대되며, 사람들이 스스로에게 기대하는 욕망의 크기 또한 점점 커집니다. '현실의 나'와 '이상적인 나' 사이의 격차를 메우고자 끊임없이 성장을 추구하고, 때로는 넘을 수 없는 벽을 마주할 때면 자책감을 느끼는 것이 당연한 결과겠죠.

'나는 누구인가?' 콘텐츠 열풍

"나 우울해서 빵 샀어." 친구가 이렇게 말한다면 뭐라고 답할 건가요? 이는 한동안 SNS에서 회자되었던 테스트인데요. 여기서 '왜 우울해?'라고 반응한다면 공감이 발달된, MBTI 성격 테스트로 따지면 'F'성향이 높은 사람으로 구분되고, '무슨 빵 샀어?'라고 물어본다면 논리적 사고가 발달된 'T' 성향이 높은 사람으로 분류되었습니다. 실제로 친구 혹은 자녀에게 이 테스트를 해보았다는 후기에서는 타인의 감정보다는 무슨 빵을 샀는지를 물어보는 T에 대한 성토가 주를 이루었습니다. 이 밖에도, 나와 맞는 전공은 무엇인지 살펴보는 '대학교 학과 테스트', 숏폼 콘텐츠를 얼마나 많이 보는지 알아보는 '도파민 중독 테스트', 현재 나의 문해력을 검증하는 '문해력 테스트' 등 재미로 보는 가지각색의 자가 테스트가 인기를 끌고 있습니다.

역술도 인기입니다. 지금 나의 상태, 앞으로 가능성이 무궁무진해서 불안하기도 한 현재의 나를 위한 도구입니다. 실제로 홍대 앞 거리에 즐비한 맛집과 액세서리 가게 사이로 사주나 타로와 같은 운세를 봐주는 집들이 눈에 띄죠. 인스타그램에 '#사주'를 검색하면 관련 콘텐츠가 쏟아지고, 스레드Threads에서는 댓글로 간단한 운세 상담을 진행하는 '#한줄점사'가 인기를 끕니다. 유튜브에서도 사주와 타로를 배우는 영상들이 조회 수 100만 회를 가볍게 넘길 정도로 주목받고 있고요. 역술이 2030세대의 일상 속에 깊이 스며들면서, 출근길에 오늘의 운세를 확인하거나 스트레스가 많은 날에 타로 카페를 방문해 기분을 전환하는 건 더 이상 낯선 일이 아닙니다.

전화나 오픈채팅으로 상담을 받는 비대면 서비스 시장도 성장하는 추세입니다. 시간과 장소에 구애받지 않으면서도 오프라인보다 저렴하다는 특징 덕분인데요. 온라인 전문가 연결 서비스인 '네이버엑스퍼트'에 따르면, 2024년 가장 인기 있었던 분야 1, 2위는 각각 운세·사주, 타로점이었다고요. 특히 월 평균 운세 상담 건수와 거래액은 2023년 보다 약 30% 증가했는데, 전체 이용자 가운데 2030세대의 비율이 80%에 달하는 것으로 나타났습니다.[5] 또한 모바일 운세 플랫폼의 성장세도 꾸준합니다. 앱 분석 서비스 모바일 인덱스에 따르면, 모바일 운세 플랫폼 '포스텔러'의 월간 활성

이용자 수는 2024년 5월 46만여 명에서 9월 58만여 명으로 증가했으며, 비슷하게 '점신'의 신규 설치 건수도 2024년 5월 21만여 건으로 8개월 만에 약 3배 이상 증가했습니다.[6]

심지어 챗GPT를 활용해 스스로 타로를 보는 '셀프 타로'까지 등장했습니다. 방법은 간단합니다. 최근 자신의 근황과 고민거리를 구체적으로 설명해주고, 셀프로 직접 뽑은 3장의 타로 카드를 순서대로 알려준 뒤, 오늘의 운세를 설명해달라고 하면 됩니다. 셀프 타로를 해본 사람들의 후기에 따르면, 챗GPT의 해석이 꽤 그럴듯하고 무료로 쉽게 이용할 수 있다며 긍정적인 반응이고요. 이처럼 사람들이 직접 AI를 활용해 운세를 보는 사례가 증가하자 GPT스토어에도 '타로카드 리딩', '모두의 타로' 등 관련 챗봇이 늘어나고 있습니다.

각종 테스트들이 과학적인 신빙성을 지니냐는 질문은 큰 의미가 없습니다. 분명한 것은 자신을 알고 이해하려는 노력이 하나의 콘텐츠로 자리 잡을 정도로 일상적이라는 사실입니다. 유행에 그칠 줄 알았던 MBTI 열풍은 이제 어엿한 하나의 문화로 자리 잡았고, 각종 SNS나 온라인 커뮤니티에서는 다양한 파생 콘텐츠가 꾸준히 생성되고 있습니다.

이러한 현상을 분석하다 보면 2030세대는 기성세대에 비해 '나 자신에 대한 관심이 아주 많다'는 특성에 직면하게 됩니다.

과거 부모님 세대에서는 '나를 돌보고 알아간다'는 개념 자체가 부재

했던 것 같아요. 그저 오늘 하루 열심히 생존을 위해 살아오셨지요.

그런데 요즘 세대는 태어나자마자 자아실현의 욕구를 가져야만 하는

세대 같아요. 끊임없이 나는 어떤 사람인지, 나는 무얼 잘하는지 증명

해야 하고, '자기답게 사는 삶'을 중시하지요.

_멘탈건강 서비스 플랫폼 대표

현대사회는 개인의 차별성을 존중하는 사회로 이행하고 있습니다. 과거에는 사회적으로 선망받는 롤모델이 정해져 있었죠. 모든 부모들이 자녀들에게 '공부 열심히 해서 좋은 대학 가야 성공한 삶을 살 수 있다'는 말을 교리처럼 주입했고요. 하지만 이제는 다릅니다. "너는 뭐를 좋아해?", "뭐를 잘해?", "뭐가 되고 싶어?"라고 질문하며 자녀가 가진 꿈을 적극 키워주는 부모들이 늘어나고 있습니다. 각자 자신만의 꿈을 꾸는 시대가 된 것입니다. 이런 시대에 정작 가장 난감한 것은 본인입니다. "나는 무엇을 좋아할까?", "무엇을 잘할까?", "뭐가 되고 싶을까?"에 이어 "도대체 나는 누구일까?" 하는 질문이 줄줄이 이어집니다. 사회가 다원화되는 것은 분명 바람직한 일이지만, 자신만의 꿈을 가져야 한다는 의무감은 역설적으로 자기 파악이라는 새로운 스트레스로 나를 몰아넣고 있습니다.

획일적이고 표준화된 산업화 시대가 끝나고 '평균실종'으로 대변되는 개인주의 및 파편화 시대로 넘어오면서, 2030세대는 좋게 말해 '집단 농장'을 벗어나 '방목'을 경험하고 있습니다. 정주의 시대에서 이주의 시대로, 농경사회에서 21세기 버전의 수렵·채집 사회로 넘어왔죠. 완전히 새로운 노마드 문화는 개인의 자유를 한껏 허용하지만 그에 대한 대가로 각자의 능력과 개성, 특기를 최대한 발휘하도록 종용합니다. 어찌 보면 보이지 않는 경쟁은 더욱 치열해지고 한 번 벌어진 간극은 메우기가 점점 어려워집니다. 멘탈을 꽉 붙들어매는 것이 점점 힘들어지고 있는 것입니다. 멘탈 관리에 전문가의 도움이 필요해진 이유입니다.

"정신과는 다니지만 우울증은 아니에요"

마음 관리에 대한 중요성이 부각되면서 정신건강의학과의 문턱도 크게 낮아졌습니다. 멘탈에 도움이 된다면 얼마든지 정신건강의학과의 문을 두드릴 수 있다고들 생각합니다. 정신과 병원을 삶의 힘든 순간에 도움을 줄 수 있는 중요한 자원으로 인식하고, 주변 사람들에게 적극 권하는 분위기까지 생겼습니다. 사실 불과 몇 년 전만 하더라도 정신건강의학과는 쉽게 찾을 수 없는 곳이었죠. 과거에는 감정의 문제는 일차적으로 개인이 견뎌내야 하는 것으로 여겨졌고, '정신병원'에 대한 사회적 선입견이나 거부감도 상당했고요. 하지만 요즘은 2030세대를 중심으로 감기에 걸렸을 때 내과에 가듯 마음이 아플 때 정신건강의학과를 찾아 진료를 받는 것이 당연하다는 사회적 공감대가 형성되어, 초기부터 내원하는 사람들이 눈에 띄게 늘고 있습니다. 심각한 증상이 없어도 미리 관리하는 차원에서 방문하는 것도 어색하지 않고요. 이제 마음의 문제는 숨기거나 참기보다 '해결해야 할 문제'입니다.

실제로 보건의료 빅데이터 개방시스템의 자료에 따르면 국내 정신건강의학과 의원 수가 가파르게 증가하며, 2024년 1분기 1,600개소를 넘어섰습니다.[7] 5년 전과 비교했을 때 상담센터를 찾는 2030세대의 내담자 수도 50% 이상 크게 늘었고요.[8] 설문조사에서도 이러한 경향이 눈에 띄게 드러납니다. "다음 중 어떤 상황에서 정신건강의학과를 방문해야 한다고 생각하시나요?"라는 질문에 "심각한 정신질환이 발생했을 때"라고 응답한 사람은 전체 응답자 중 10.3%에 불과한 반면, "일상적인 스트레스 관리 등 필요하면 언제든지"에 응답한 사람은 22.4%로 2배 이상입니다. 멘탈 관리를 위해 병원을 찾는 것에 대한 인식이 확실히 긍정적으로 변했음을 알 수 있습니다.

Q. 다음 중 어떤 상황에서 정신건강의학과를 방문해야 한다고 생각하시나요?

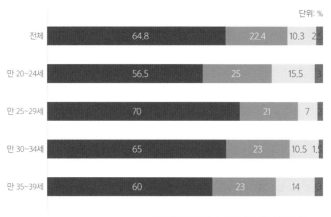

단위: %

	마음이 힘든데 스스로 해결하기 어려울 때	일상적인 스트레스 관리 등 필요하면 언제든지	심각한 정신질환이 발생했을 때	특별한 문제가 없더라도 정기적으로
전체	64.8	22.4	10.3	2.5
만 20~24세	56.5	25	15.5	3
만 25~29세	70	21	7	
만 30~34세	65	23	10.5	1.5
만 35~39세	60	23	14	3

● 마음이 힘든데 스스로 해결하기 어려울 때
● 일상적인 스트레스 관리 등 필요하면 언제든지
　심각한 정신질환이 발생했을 때
● 특별한 문제가 없더라도 정기적으로

ⓒ 소비트렌드분석센터

　　스트레스가 일상이 되고, 우울증과 불면, 공황장애 등의 현대식 병명이 흔하게 들리다 보니, 이제는 정신과 방문이나 상담에 대해 공개적으로 편히 이야기하고, 아무렇지도 않게 보기도 합니다. 어느 대학의 과 동아리에서 한 친구가 정신적으로 힘들고 우울하다며 호소하자, 다른 친구들이 "그럼 정신과에 가서 상담을 받아야지"라며 핀잔을 주었다고 합니다. 옆에서 위로하고 같이 힘들어하기보다, 아니면 스스로 이겨내라고 권하기보다, 이 또한 전문가의 서비스를 받아야 하는 영역으로 여기는 세태도 발생하는 것이죠.

전문가의 도움뿐 아니라 스스로 강해지기 위한 멘탈 트레이닝도 멘탈 관리에 중요한 과정입니다. 내면이 단단한 '외유내강'형 인간이 되는 것은 우리 모두의 꿈이기도 하니까요.

"'내면이 단단한 사람'이 되고 싶어요"

"언제 멘탈을 관리해야겠다고 느끼나요?"라고 질문해보니 다양한 답변을 들을 수 있었습니다. 사실 그건 혼자만의 생각이 아닐 거예요. 나를 '긁는' 존재들이 많아지고, '너는 누구 편이냐?'는 식의 사회적 갈등이 심화되는 상황에서, 삶의 순간순간에 일희일비하지 않고 외부 자극에 흔들리지 않는 '단단한 내면'이 중요해지고 있습니다. 특히 2030 여성들에게 내적 안정감이란 있으면 좋고 아니면 그만인 것이 아니라, 무탈한 삶을 영위하기 위해서 반드시 있어야만 하는 필수 요소로 자리 잡고 있습니다.

실제로 2030 여성들은 과거보다 다양한 역할과 기대 속에서 자신을 지키기 위해 더욱 많은 심리적 자원을 필요로 합니다. 사회적으로는 '성공한 커리어 우먼'이자 '자기관

지금 너무 힘들어서 간다기보다는… 미리 예방하러 간다고 할까요? 저는 병원을 정말 추천해요. 본인의 의지가 가장 중요하긴 하지만, 약물적인 도움이 필요하거나 전문적 소견이 필요하면 주변 친구들에게 병원을 적극 추천하죠.

_20대 중반 미혼 프리랜서

특히 사회생활할 때 오늘 제 멘탈이 안 좋은 게 티가 나면 루저 같다는 생각이 들어요. '화내면 하수'라고 하잖아요. 항상 마인드 컨트롤을 잘 하고 평정심을 유지하는 게 승자인데… 저는 정말 제 자신의 내면이 단단해져서 웬만한 세상의 풍파에도 흔들리지 않았으면 좋겠어요.

_30대 중반 미혼 직장인

꼭 어떤 사건이 발생했을 때도 있겠지만, 회사 생활도 하고 이렇게 아기도 돌봐야 하고, 시댁이든 가족이든 케어해야 하는 책임감이 커지면서 이건 정신력의 문제라고 느껴요. 제가 감당하기 어려울 정도로 역할이 많아지면서 정신력이 더 중요해지는 것 같아요.

_30대 중반 기혼 유자녀 직장인

리가 철저한 사람', 동시에 개인적으로는 '내 삶을 온전히 즐기며 자아를 실현하는 사람'이 되고자 합니다. 부모세대와는 사뭇 다른 가치관을 갖고 독립적인 삶을 추구하면서도 가족들에게는 여전히 '좋은 엄마', '좋은 아내', '좋은 딸'로 남고 싶다는 욕구도 크고요. 이처럼 다양한 역할에 대한 높은 기대는 상충되기 때문에, 하나의 선택으로 인해 다른 하나를 희생한다는 부담감까지 안고 삽니다.

이러한 환경 속에서 외부 자극에 쉽게 흔들리지 않을

Q. 자신이 가장 추구하는 모습은 어떤 이미지인가요?

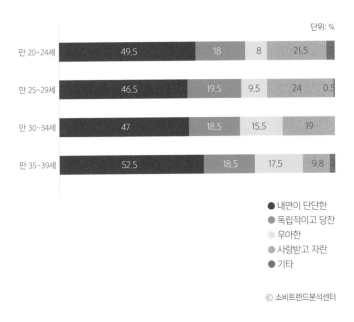

단위: %

만 20~24세 | 49.5 | 18 | 8 | 21.5 | 5
만 25~29세 | 46.5 | 19.5 | 9.5 | 24 | 0.5
만 30~34세 | 47 | 18.5 | 15.5 | 19
만 35~39세 | 52.5 | 18.5 | 17.5 | 9.8 | 2

● 내면이 단단한
● 독립적이고 당찬
● 우아한
● 사랑받고 자란
● 기타

ⓒ 소비트렌드분석센터

마음

수 있는 '내면의 힘'은 2030 여성들이 자신을 지키기 위한 중요한 자산입니다. 실제로 많은 여성들은 내면이 단단한 '멘탈 금수저'가 되고 싶어 합니다. 설문조사에 따르면 '자신이 가장 추구하는 이미지'를 묻는 질문에서 만 20~24세 응답자의 49.5%가 '내면이 단단한 이미지'를 선택해 압도적 1위를 차지했고요. 그다음으로 34세 이하에서는 '사랑받고 자란 이미지'를, 35세 이상에서는 '우아한 이미지'를 2위로 꼽았습니다. 세부적인 모습에는 조금씩 차이가 있지만, 20대 초반부터 30대 후반까지 과반수 이상의 여성들이 '내면이 단단한 사람'을 열망하는 것이죠.

"마음이 어려울 땐, 철학책을 펼쳐요"

한때 '재미없는 책'으로 여겨지던 철학 분야의 서적들이 인기를 끌고 있습니다. 실제로 교보문고의 2024년 상반기 종합 베스트셀러 및 결산 자료에 따르면 철학 분야 도서는 전년 대비 43.1%의 성장세를 보였으며, 특히 서양철학 관련 도서는 무려 125.8%나 성장했습니다.[9] 니체, 스토아 학파, 소크라테스 등 많은 철학자들의 이야기 중에서도 특히 《마흔에 읽는 쇼펜하우어》는 철학 교양서로는 최초로 전 서점

베스트셀러 1위에 오르고, 남녀노소를 불문하고 독자들이 꾸준히 찾으며 2024년 상반기 교보문고에서 가장 많이 팔린 책으로 자리매김했습니다. 쇼펜하우어의 어록은 불필요한 인간관계를 정리하고 적절한 거리를 유지하라는 조언이 많아 인간관계에 지쳐가는 현대인들에게 커다란 위안과 울림을 줬다는 평과 함께요. 철학책이 멘탈 관리에 유용한 조언을 준 것입니다.

철학을 다루는 유튜브 채널도 인기입니다. 일례로 '충코의 철학'은 일상의 철학을 주력으로 내세우며 '나를 제대로 이해하기 위해 반드시 알아야 할 철학', '높은 삶의 질을 위해 포기하면 안 될 것들', '알파가 되면 정말 행복해질까?' 등과 같이 쉽게 이해할 수 있는 콘텐츠로 철학 이론을 설명하며 큰 호응을 얻고 있습니다. 또한 채널 '5분 뚝딱 철학'은 정통 철학 분야를 넘어 심리학이나 미학 등 폭넓은 주제를 다루며 현재 약 27만 명의 두터운 구독자층을 보유하며 대중의 인기를 얻는 중입니다.

비슷한 맥락에서 '뇌과학'도 인기인데요. "아, 내 뇌의 호르몬이 이렇게 작동해서 내가 우울한 감정을 느끼고 있었구나" 하고 나의 마음 상태를 뇌과학으로, 과학적으로 이해하려는 시도입니다. 실제로 뇌과학을 공부하는 이들에 따르면 내가 지금 느끼는 이 감정이 왜 나타난 것인지, 어떻게 올바르게 대처할 수 있는지 등을 배울 수 있어 만족한다고

저는 갈피를 못 잡는 일이 생기면 독서를 해요. 그러면 이것
까지는 생각을 못 했는데 하는 그런 생각의 확장에 도움이
되더라고요. 특히 철학적인 내용이 담긴 것을 좋아하는데,
그런 걸 통해서 어려운 상황이나 고민이 있을 때 방향성을
잡아요.

_20대 중반 미혼 프리랜서

정신건강과 관련된 강의 같은 거 많이 찾아서 듣는 편이에
요. 아니면 책이라든지.

_30대 중반 기혼 유자녀 직장인

요. 이러한 까닭에 서점가에는 《우울할 땐 뇌과학》, 《이토록 뜻밖의 뇌과학》 등 뇌과학에 기반한 정서 관리 도서들이 상위권에 오르고 있으며, '뇌과학 인플루언서'들도 인기를 끌고 있습니다.

이는 과거와 사뭇 다른 모습입니다. 과거에는 멘탈이 무너지거나 마음이 힘들 때면 따뜻한 위로나 진심 어린 응원을 담은 '힐링' 성격의 콘텐츠를 찾았던 반면, 현재 2030 여성들은 막연한 위로보다는 논리적 조언을 원하는 것입니다. 철학과 뇌과학을 통해 나의 문제와 내면에 현실적으로 접근하고 탐구해보려는 움직임이 돋보이는 대목입니다.

세 시간 동안이나 목욕을?
리추얼의 재발견

'리추얼'이란 일상적 행위에 의미를 부여하여 나를 위한 시간을 만드는 활동을 의미합니다. 예를 들면, 아침에 짧은 일기를 쓰거나 자기 전 30분 동안 독서와 필사를 하는 등 소소하지만 의식적으로 나를 위해 시간을 씁니다. 흔히 알려진 '루틴'과는 다릅니다. 루틴이 매일 반복해서 실행하는 습관적인 행위 그 자체를 의미한다면, 리추얼은 매일 꼭 반복하지 않더라도 그 행위를 하는 '의미'에 초점을 맞춥니다.

즉, 리추얼이란 '심리적이며 의식적인 활동'이 핵심입니다. 《리추얼의 힘》에서 저자는 '리추얼이란 운동·산책·독서, 사람들과 함께 식사하기 등과 같이 일상적인 행위 중에서 자신에게 의미 있는 행위를 정한 다음, 거기에 의도와 목적을 부여하여 실천하는 것'이라며, 이것이 멘탈 관리에 큰 도움이 된다고 강조합니다.[10]

실제로 인터뷰에서 평소 멘탈 관리를 위해 하는 행동이 있는지 묻자, 대다수의 참가자들은 각자의 방식대로 스스로를 돌보는 시간을 갖고 있다고 응답했습니다. 자기 전 30분은 목욕을 즐기거나, 일어나자마자 스트레칭을 하고 따뜻한 차를 마시는 등 리추얼을 행하고 있고요. 필사도 하나의 리추얼로 자리 잡고 있습니다. 매일 한 줄씩 인문학 문장을 읽고, 찬찬히 글씨를 쓰다 보면 마음도 차분해져 좋다고요. 숏폼콘텐츠가 넘쳐나고, 손글씨를 쓰는 게 어색해진 시대에 손글씨로 문장을 써내려가는 과정이 오히려 특별한 행위가 된 것이죠. 서두에서 소개한 뜨개질도 하나의 리추얼이고요.

해외에서도 2030 여성들을 중심으로 리추얼이 인기입니다. 최근 미국 SNS에서는 '#Everythingshower'가 꾸준히 주목받고 있습니다. 2023년에 틱톡에서 처음 시작된 이 리추얼은 단순한 샤워가 아닙니다. 3~4시간이라는 긴 시간을 할애해 특별하게 몸과 마음을 케어하는 의식에 가깝습니다. 일본에서도 청년층을 중심으로 사우나 열풍이 불며 100년

된 대중목욕탕에 '젊은 목욕객'들이 등장했다고요. 이들은 주로 사우나와 찬물 목욕을 3회 이상 번갈아 반복하며 '토토노우ととのう'의 기분을 즐긴다고 알려져 있습니다.[11] 이는 몸과 마음이 모두 정리되고 새로 깨어나는 듯한 기분을 표현하는 말인데요. 마치 명상을 하듯 사우나를 즐기는 일본 청년들의 마음을 엿볼 수 있습니다.

디톡스는 필수, 명상이 필요해

잠깐 동안만이라도 나만의 사색의 시간을 가지려는 사람이 늘고 있습니다. 그냥 명상으로 마음을 가라앉히는 것이 아니라, 나를 흥분시키는 디지털 정보와 도파민의 독소를 제거하는 '디톡스'를 적극적으로 실천합니다. 디톡스는 해독한다는 의미의 Detoxification의 약자로 몸에 축적된 독소와 노폐물을 배출하는 대체의학적 제독除毒 요법을 말하는데요. 요즘에는 몸에 유해한 물질 독소뿐만 아니라, 마음에 부담을 주는 디지털 기기나 지나친 흥분을 유발하는 신경전달물질 도파민으로부터 스스로를 디톡스하려 합니다. 구체적으로는 일정 기간 특정 자극을 멀리하는 정신수련의 시간을 갖는 방식이고요.

마음

저는 힘들면 무조건 명상을 해요.
눈을 감고, 내 생각이 흐르는 대로 그냥 내버려두는
거예요. 생각을 굳이 없애려고 하지 않고, '그래, 나는
그런 마음이구나' 하고 받아들이는 거죠.
그것만으로도 마음이 차분해져요.

_30대 후반 미혼 사업가

저는 유튜브 틀어놓고 명상을 자주 해요.
절에서 나오는 목탁 소리를 듣거나, 그냥 물소리를
듣기도 해요. 아이들에게도 틀어줘요.
자기 전에 틀어주면 일찍 자더라고요.

_30대 중반 기혼 유자녀 직장인

그중 '도파민 디톡스'가 가장 눈길을 끕니다. 단순하게는 스마트폰과 SNS의 사용 시간을 줄이는 것부터 시작하는데요. 이와 관련해 스마트폰을 강제로 사용하지 못하게끔 잠그는 '잠금 앱'이 인기를 끌었습니다. 심지어는 전화나 문자 등 필수 기능만 모아둔 일명 '라이트폰'이 주목받기도 했고요.

자극을 멀리한 후 찾는 것은 '명상'입니다. 인터뷰에서 언급한 대로 유튜브에서 다양한 명상 콘텐츠를 손쉽게 찾을 수 있는데, 자기 전에 듣는 '수면 명상'이나 뇌를 리셋하는 '생각 비우기 명상' 등 다양한 콘텐츠들이 100만 조회 수를 넘기며 인기를 얻고 있습니다. 명상의 인기가 지속되자 기업도 이를 적극 활용합니다. 2024년 11월, 한화손보는 시그니처 여성건강보험 3.0의 출시를 기념해 명상 전문 유튜브 채널 '시그니처 테라피'를 오픈했습니다. 뇌과학 멘탈헬스케어 기업과 정신과 의료진의 자문을 받아 전문성 있는 양질의 콘텐츠를 제공함으로써 현대인들의 멘탈 건강에 도움을 주고 있습니다. 특히 근육의 이완을 통해 수면을 돕는 'PMR'이나 주파수 소리로 뇌의 감마파를 활성시켜 수면에 도움이 되는 '바이노럴 비트' 등 의학적으로 검증된 기법을 알려주어 명상에 관심이 많은 2030 여성들에게 큰 호응을 이끌고 있습니다.

사색의 공간을 찾는 이들도 늘었습니다. '템플스테이'

에 대한 관심이 그 증거입니다. 종교에 상관없이 여름 휴양지로 절을 찾는 젊은 사람들이 속속 등장했는데, 특유의 고요한 분위기가 잠시 사회에서 벗어나 생각을 정리하기에 좋다는 이유에서입니다. 한국불교문화사업단에 따르면 2024년 1~7월 템플스테이 참여자 수는 34만 1,000여 명으로 전년 대비 17% 증가했고 참가자 중 절반이 2030세대인 것으로 나타났습니다.[12]

중요한 건 꺾여도
다시 일어서는 마음

"중요한 건 꺾이지 않는 마음입니다."

2022년 '중꺾마' 열풍이 불었습니다. 이 말은 한 프로게이머의 인터뷰에서 유래되었는데요. 그해 월드컵에서 16강 진출이 확정된 후 한 태극기에 적힌 문구로 화제가 되며 많은 청년들에게 회자되었습니다. 이후 '중꺾마'는 결코 포기하지 않는 마음, 다시 말해 힘든 순간에도 버텨내는 마음을 상징하며 많은 이들에게 힘과 용기를 주었습니다.

요즘은 이 말의 느낌이 살짝 바뀌었습니다. '중꺾그마'란 말이 더 대세입니다. "중요한 건 꺾였는데도 '그냥' 하는 마음"이란 말의 줄임말로, 개그맨 박명수 씨가 자신의 유튜브 채널에서 언급한 말입니다. 그는 '저는 매일 꺾인다. 하루에도 수십 번 실망하고 포기한다. 그래도 다시 이겨내는 거다. 인생은 꺾임의 연속이다. 꺾여도 계속 가지를 뻗어야 되는 게 인생이다'라고 말하며 많은 이들의 공감을 얻었고요.[13]

사실 고난을 극복할 불굴의 의지 같은 건 없어도 그만입니다. '그냥' 하면 되니까요. 경기 침체, 무한 비교, 완벽주의의 삼각파도 앞에서 나름의 방식으로 흔들리는 멘탈을 다 잡는 2030 여성들의 모습이야말로 중꺾그마, 그 자체 아닐까요.

Us

우정과 사랑

"우리 성장하는
관계인가요?"

"당신의 삶에서 없어도 되는 것은 무엇입니까?"

이 질문에 20대 응답자의 24.5%가 "자동차" 다음으로 "연인, 애인"이라고 답했다는 한 조사 내용이 화제가 된 적이 있습니다.[1] 30대 이상이 사회적 지위, 뚜렷한 취향, 학력·학벌 등을 '삶에서 없어도 되는 것'으로 꼽은 것과 비교하면 그 차이가 뚜렷하죠.

《오만과 편견》의 주인공 엘리자베스가 다아시에 대한 오만과 편견의 시선을 거두고 사랑을 믿게 되는 과정부터 '어떻게 이별까지 사랑하겠어, 널 사랑하는 거지'라는 악동뮤지션의 절절한 이별 노래가사까지, 예부터 지금까지 젊은 이들의 관심을 온통 빼앗아갔던 사랑이 우선순위에서 밀리고 있는 것 같습니다.

세간의 이야기처럼 생존의 터널을 지나는 2030 여성에게 연애란 때로는 사치스러운 단어처럼 여겨집니다. 하지만 그것이 전부는 아닙니다. 연애 풍속도 자체가 과거와는 사뭇 달라졌달까요. 이왕 연애를 시작하면 낭만에만 머무르지 않습니다. 낭만적 사랑보다 '성장' 지향 관계에 방점이 찍히는 게 요즘 연애의 핵심입니다. 친구, 연인, 친구 같은 ○○, 연인 같은 ○○, 요즘 2030 여성들의 우정과 사랑, 그 진짜 속내를 들여다보도록 하죠.

사라져가는
연애지상주의

마음 울적한 날엔 거리를 걸어보고 → 왕복 교통비　　6,000원

향기로운 칵테일에 취해도 보고 → 칵테일 한 잔　　13,000원

한 편의 시가 있는 전시회장도 가고 → 전시회 입장료　18,000원

밤새도록 그리움에 편질 쓰고파 → 편지지　　　　10,000원

Total 47,000원

소셜미디어 X에서 유행한 밈입니다. 1994년 큰 인기를 끌었던 곡 〈칵테일 사랑〉의 가사대로 데이트를 즐겼을 때 쓰게 되는 비용을 계산한 것인데요. 거리를 걷고, 술을 한 잔 마시고, 전시회장을 찾는 간단한 데이트에도 꽤 많은 비용이 소요되죠. 해당 밈은 커뮤니티에서 회자되며 많은 사람들의 공감을 샀습니다.

안타깝게도, 이러한 현상은 데이터로도 확인됩니다. 결혼정보회사 가연의 설문조사에 따르면 2023년 2030 미혼 남녀가 지출한 데이트 1회당 비용은 평균 7만 4,700원으로, 2022년의 7만 9,600원보다 감소한 것으로 나타났습니다.[2] 20대는 지출을 더욱 줄이고 있습니다. 우리금융경영연구소가 통계청 자료를 분석한 결과, 2024년 8월 초 기준 20대 이하의 신용카드 이용 금액은 1년 전보다 9% 줄었는데, 30대

(-0.3%), 40대(-1.4%)보다 급격하게 줄어든 수치입니다.[3]

실제로도 "돈이 없으면 연애를 할 수 없다"는 말이 많이 들립니다. 물질적 결핍을 사랑으로 극복한다거나 부족한 부분이 있더라도 사랑으로 감싸준다는 스토리는 이전 시대에나 통했던 모양새입니다. 연애는 곧 지출이자 비용입니다. 비단 경제적 지출만을 의미하는 것은 아닙니다. 시간과 감정과 삶의 에너지를 쏟아야 하는 과정이 모두 비용입니다.

> 진행자: 일과 연애, 어떤 게 더 중요해요?
> 당연히 모두 일이에요?
> 다수: 네.
> 진행자: 연애가 더 중요한 사람 없어요?
> 일을 해야 연애할 수 있는 거예요?
> 소비자: 네. 돈이 없는데 연애를 어떻게 해요?
> _2030 대상 소비트렌드분석센터 그룹 인터뷰 중

데이트의 모습도 예전과는 사뭇 다를 것 같은데요. 연인들의 데이트 코스였던 극장이나 레스토랑, 카페는 넷플릭스, 티빙 같은 OTT와 배달 음식으로 빠르게 대체되고 있습니다. 그렇다면 데이트는 어디서 할까요?

만약 둘 다 자취를 하지 않는다면… 연애 조건이 달라지는

거니까, 차이가 많이 나죠. 데이트할 때마다 어딘가를 가야

하는데, 그때마다 돈을 엄청 쓰고…. _20대 후반 미혼 직장인

요즘 데이트에서 볼 수 있는 재미있는 특징 중의 하나는 집 밖 데이트를 줄이고 집에서 만나는 경우가 늘고 있다는 점입니다. 소비트렌드분석센터가 만난 20대 후반 여성의 이야기처럼 둘 중 한 명이라도 자취가 가능한지의 여부가 연인으로 발전하는 데 중요한 변수라는 거죠. SNS에서 종종 봐왔던 고급 호텔이나 레스토랑에서의 화려한 데이트와는 달리 연인의 집에서 음식을 만들거나 배달로 시켜 먹고 OTT를 보며 시간을 보내는 것이 현실 데이트의 모습에 더 가깝다는 이야기입니다.

'넷플릭스 앤 칠Netflix and Chill'이라는 말을 들어본 적 있나요? 의역하면 '라면 먹고 갈래?'와 비슷한 의미이고, 직역하면 '우리집에서 넷플릭스 보면서 놀래?'라고 할 수 있는데요. 그 의미보다 더 중요한 건 넷플릭스, 그러니까 영상을 같이 보면서 데이트하는 문화가 자리 잡았고, 그렇다면 굳이 다른 데 갈 필요 없이, 비록 화려하지 않더라도, 연인의 자취방에서 같이 시간을 보내는 게 더 '경제적'이라는 것이죠.

이런 데이트 문화는 관련 산업에도 큰 영향을 끼치고 있습니다. 예컨대 대표적인 데이트 코스로 꼽히는 영화관의 매출은 심각한 수준이죠. 2023년 전국 영화관 매출액은

1조 2,614억 원으로 코로나19 팬데믹 이전인 2019년의 3분의 2 수준입니다. 관객 수도 1억 명 이상 감소했죠. 주점이나 숙박업소 같은 다른 데이트 코스 업종도 문을 닫은 곳이 많습니다. 국세청 자료를 보면 간이주점은 2019년 대비 37%(2024년 6월 기준) 줄며 100대 생활업종 중 가장 큰 감소율을 보였고, 모텔도 15% 감소했습니다.[4] 이러한 변화에 물론 다른 영향도 있겠지만, 업계의 이야기를 들어보면 데이트족의 감소가 가장 큰 원인으로 체감된다고 말합니다.

"나와 최적의 조합을 이룰 수 있는 사람을 원해요"

제가 고를 수 있는 외모의 조건에서 가장 최상급을 구하고 싶은 거죠. 너무 연예인처럼 생길 필요는 없지만, 그렇다고 너무 떨어지지도 않아야 하는…. 저랑 비슷한 수준이어야 하고, 그 아래로는 만나고 싶지 않은 거죠.

_30대 초반 미혼 직장인

2030세대가 짝을 찾을 때, 공통적으로 의식하는 점은 '손해 보고 싶지 않다'는 것입니다. 단순히 경제적 비용의 문제가 아닙니다. 여기의 '손해'에는 두 가지 의미가 공존합니다. 우

우정과 사랑

선 상대의 조건에 비해 내가 가진 조건을 손해 보고 싶지 않고, 나의 시간도 손해 보고 싶지 않다는 것이죠. 친구들과 밥 먹을 때도 전부 더치페이를 하는 등 인간관계에서도 각자의 만족도를 극대화하는 개인주의가 허물이 되지 않기에, 이런 생각이 연애를 시작할 때도 적용된다고 할 수 있습니다.

연애 상대의 조건에 대해 구체적으로 알아볼까요? 인터뷰에서 한 30대 초반 여성이 말한 '최상급'이란 표현은 어찌 보면 지극히 상업적이고 자본주의적인 표현이지만, 이들의 속내를 그대로 드러내고 있다고 봅니다. 이는 내가 만날 수 있는 상대의 수준, 그러니까 스스로 객관화한 상태에서 그 안에서 최대치의 조건을 갖춘 파트너를 찾고 싶다는 의미로 해석됩니다. 파트너와 나를 비교할 때, 단 1%의 손해도 없기를 바라는 마음인 겁니다.

이런 상대를 어떻게 만날 수 있을까요? 가만히 있는다고 해서, 우연을 바란다고 해서, 절대 이루어질 수 없죠. 내가 원하는 것, 현재 나의 현황과 상태 등 구체적으로 알려야 할 필요가 있겠죠. 그러다 보니 소개팅의 방식도 바뀝니다.

일단 나이·이름·사진·키·직업·차·집, 이런 것들 다 해서 짤막하게 써서 카톡으로 보내요. '이런 사람 있는데 만나볼래?' 오케이하면 만나는 거고 아니면 그냥….

_20대 후반 미혼 직장인

본 연구에서 만난 20대 여성은 요즘 소개팅을 이렇게 설명합니다. 상대의 조건과 나의 조건을 두고 내가 가진 스펙에 비해 손해가 있는지, 내가 만나도 손해 보지 않을 최대치인지 최적화가 가능한지를 따져보는 것입니다. 손해라고 생각되면 애초에 만나지 않아요.

조건만큼이나 시간의 효율도 중요합니다. 인크로스가 SK스퀘어와 발행한 보고서에 따르면, 최근 Z세대를 중심으로 유행하는 연애 키워드는 '효율'이라고 합니다. 이전에는 데이트에 자신의 일정을 맞췄다면, 요즘은 나의 일정이 먼저고, 내 일정에 데이트를 끼워 맞추는 것이 보편적이라는 분석입니다. 글로벌 소셜 매칭 앱 틴더의 데이팅 트렌드 보고서에 따르면 "자신의 일정에 맞추는 데이트에 열려 있다"고 응답한 비율이 51%였습니다. 더욱 흥미로운 사실은 한국은 틴더의 서비스 국가 중 매칭 상대에게 빠르게 회신하는 국가 1위라는 점입니다.[5] 워낙 빨리빨리 문화가 지배적이고 뭐든 빨리 답장하는 게 효율적이라고 여기다 보니, 연애 매칭 응답도 빠른 것이라고 해석할 수 있습니다. 시간의 가성비가 연애에도 적용되는 모양새입니다.

직장보다, 학벌보다
더 중요한 그것

"인스타 뭐 뜨는지 공유할까요?"

SNS에서 화제를 모았던 'MZ식 소개팅' 영상 콘텐츠의 대사입니다. 소개팅 첫 만남에서 서로의 SNS를 켜서 돋보기 탭에 어떤 게시물이 뜨는지 공유하자는 뜻입니다. 인스타그램은 유저의 관심사에 최적화된 게시물이 알고리즘에 의해 돋보기 탭에 추천되는데요. 여기를 보면 평소 어떤 주제의 게시물을 보는지 알 수 있고, 서로 관심사를 비교해볼 수 있습니다. X세대가 미팅할 때 각자의 애장품을 통해 서로의 취향을 알아내려고 애썼던 수고를 이제 알고리즘이 대신해주는 거죠. 애장품 하나로는 그 사람의 취향을 다 파악할 수 없지만, AI가 적용된 알고리즘은 그 사람의 취향을 속속들이 알 수 있게 해줍니다. 이러한 이유로 해당 유튜브 영상 댓글에서는 인스타그램 돋보기 탭 공개 여부를 두고 열띤 토론이 벌어지기도 했습니다.[6]

    2030 여성들의 연애에서 취향이나 성향, 관심사는 직장이나 학벌만큼 중요한 요소입니다. 2023년 틴더 보고서에 따르면, "연애 상대와 관심사를 공유하는 것이 중요하다"고 응답한 비율은 91.3%, 이상적인 연애 관계 중 "취향 및 관심

사가 비슷한 관계를 가장 선호한다"고 응답한 비율은 58.3%였습니다.[7] 한화손보 펨테크연구소 리포트에 따르면 연애를 하고 싶은 이유로 "취미·문화 생활 등을 함께 하고 싶어서"가 꼽혔고요.[8]

취향과 관심사가 중요해지다 보니, 취미 모임은 데이트 상대를 찾기에 효과적인 만남의 장이 됩니다. 닐슨 코리아 클릭과 조선일보의 조사에 따르면 러닝 크루, 와인 모임, 독서 커뮤니티 등 소모임 서비스 월간 순 이용자 수가 증가하는 추세로 나타났습니다. 이러한 추세에 힘입어 소모임·문토·프립·트레바리 등 관심사에 기반한 플랫폼은 꾸준히 2030세대에게 관심을 받고 있고요. 아예 소개팅을 겸하는 관심사 기반 모임도 있습니다. '어바웃 와인'은 나이대별로 구성된 와인 모임에 참석할 수 있는데, 한 테이블당 30분의 시간이 주어지고, 정해진 시간이 되면 남성 참가자들만 테이블 이동을 하면서 와인 파티가 진행된다는 점이 특징입니다. 채용 포털사이트 원티드는 '연애를 원티드'와 '검증된 솔로들의 비밀스러운 와인 파티'라는 슬로건을 내걸고 주선자로 나서기도 했습니다.

그 수는 줄었을지언정, 연애 감정 자체를 부정하는 것은 아니에요. 좀처럼 꺼지지 않는 연애프로그램의 인기가 이러한 관심을 뒷받침합니다. 한화손보 펨테크연구소 리포트에 따르면, 응답자의 절반 이상이 연애 예능프로그램을

Q. 향후 연애를 하실 의향이 있나요?

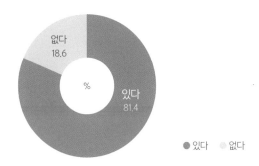

* 2024년 7월, 조사 대상 1,000명 중 비연애 상태인 542명 응답, ⓒ 한화손보 펨테크연구소 리포트

Q. 향후 연애 의사가 있다면, 그 이유는 무엇인가요?

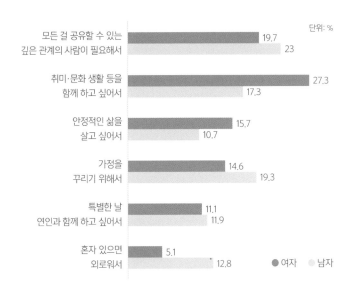

*2024년 7월, 조사 대상 1,000명 중 비연애·향후 연애의향자 441명 대상
ⓒ 한화손보 펨테크연구소 리포트

데이팅 앱 vs. 소모임 앱, 월간 순 이용자 수 변화

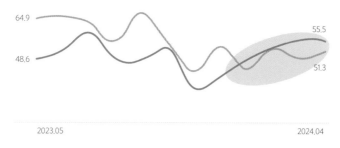

64.9

48.6

55.5

51.3

2023.05　　　　　　　　　　　　　　　　　　　2024.04

— 데이팅 앱　— 소모임 앱

* 2024년 6월. 단위 만 명. ⓒ 인크로스 × SK스퀘어

Q. 즐겨 만나는 모임이 있나요?

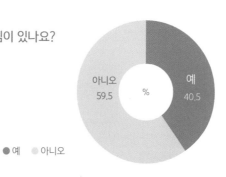

아니오
59.5

%

예
40.5

● 예　● 아니오

Q. 소개팅을 전혀 하지 않나요?

아니오
27.1

%

예
72.9

● 예　● 아니오

ⓒ 한화손보 펨테크연구소 리포트

시청한 적이 있다고 합니다.[9] "연애 예능프로그램을 통해 연애 감정을 대리만족했다"고 응답한 비율은 2030세대 모두 50% 이상을 차지하며 40대와 큰 차이를 보였습니다. 채널 A의 〈하트시그널〉, 티빙의 〈환승연애〉, 넷플릭스의 〈솔로지옥〉, SBS Plus의 〈나는 솔로〉 등 매 채널마다 연애 예능프로그램들을 볼 수 있는데요. 이런 콘텐츠가 성공하면서 MZ세대 점술가들이 출연한 〈신들린 연애〉, 남매가 함께 출연해 가족 참견 연애 리얼리티를 표방한 〈연애남매〉 등 다양한 형식으로 연애프로그램이 확장하고 있습니다.

성장하지 않으려는 당신, 함께 갈 수 없습니다!

연애는 낭만이고, 결혼은 현실이었던 기성세대에게는 결혼 후에야 비로소 험난한 세상을 함께 살아가는 동지이자 전우를 얻었다면, 요즘 2030세대는 연애부터 함께 성장할 수 있는 사람인지 아닌지를 판단합니다. 경쟁의 속도가 점차 빨라지는 현대사회에서 연애한다고 멈춰 있을 수는 없기 때문입니다. 오히려 연애는 나를 더 성장시켜야 하고, 상대는 동기를 부여하는 존재여야 합니다.

　이러한 경향은 데이터로도 확인할 수 있습니다. 2030

여성 1,200명을 대상으로 소비트렌드분석센터가 실시한 설문조사에 따르면, 연령대 관계없이 여성들은 연애 상대의 조건으로 '함께 성장할 수 있는 사람'을 꼽았습니다. 내가 열심히 살고 있는 만큼 적어도 나만큼은 열심히 살고 있는 사람을 원한다는 뜻입니다.

성장형 연애에 대한 갈망은 데이트 풍경도 바꿉니다. 산책, 식사, 공연 등 여가 시간을 함께 보내는 데이트도 좋지만 같이 성장할 수 있는 데이트를 고민하는 것이죠. 줌으로 같이 공부를 하거나 함께 운동하는 등 데이트에 대해서도 시간 대비 결과를 고려합니다. 나는 상대에게, 상대는 나에게 발전적인 존재가 되기를 희망하는 것이죠.

한화손보 펨테크연구소 리포트에 따르면 연애를 하지 않는 이유에 대해 남성과 여성의 응답에 차이가 있었는데요. 남성은 '경제적 이유', '이성을 만날 기회 부족' 등을 꼽은 반면, 여성은 '혼자 있는 삶에 대한 편함', '감정 소비가 싫어서' 등을 이유로 선택했습니다. 특히 25~29세의 여성은 연애를 하지 않는 이유로 "취미 생활·자기계발을 하는 데에도 시간이 부족함"을 1순위로 꼽았고요. 연애보다 성장 혹은 커리어 개발을 더 중요하게 생각하는 이들은 교제를 시작할 때, 이 연애가 성장에 도움이 되는지를 당연히 먼저 고려합니다.

발전 지향적인 것, 서로가 서로를 통해
서 발전할 수 있는, 가치관이나 나의 세계
관이 확장되는 느낌… 그 느낌을 받고 싶
어요.

_30대 중반 미혼 직장인

남자친구랑 만날 시간이 없거나 서로 해
야 할 일이 많으면, 줌을 켜놓고 각자 할
일을 해요. 공부도 하고, 일도 하고, 얘기
도 했다가….

_20대 중반 미혼 대학원생

요일과 시간을 정해두고 같이 운동해요.
그냥 OTT나 영화 보는 것보다 훨씬 생산
적인 것 같아요.

_20대 후반 미혼 직장인

Q. 현재 연애를 하고 있지 않은 이유를 순서대로 세 가지만 선택해
   주세요.

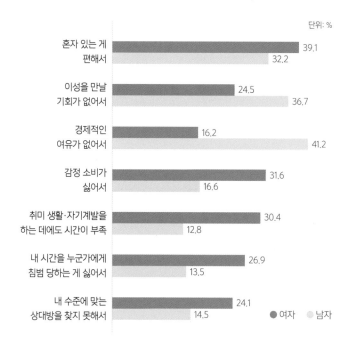

단위: %

	여자	남자
혼자 있는 게 편해서	39.1	32.2
이성을 만날 기회가 없어서	24.5	36.7
경제적인 여유가 없어서	16.2	41.2
감정 소비가 싫어서	31.6	16.6
취미 생활·자기계발을 하는 데에도 시간이 부족	30.4	12.8
내 시간을 누군가에게 침범 당하는 게 싫어서	26.9	13.5
내 수준에 맞는 상대방을 찾지 못해서	24.1	14.5

● 여자 ● 남자

*2024년 7월, 조사 대상 1,000명 중 비연애 상태인 542명 대상
ⓒ 한화손보 펨테크연구소 리포트

우정과 사랑

'죽마고우'에서
'인덱스 관계'로

친구란 어떤 의미인가요? 사전에 의하면 친구란 나이가 비슷하거나 아래인 사람을 낮추거나 친근하게 이르는 말입니다. 그러니까 '비슷한 나이'라는 전제 조건이 붙네요. 추측하건대 기성세대에게 친구란 같은 나이로 같은 학교를 다니며 서로의 흑역사를 모두 공유한 존재일 겁니다. 이런 전통적의미의 찐친 혹은 '죽마고우' 개념이 아예 없어진 것은 아니지만, 오늘날 친구는 보다 넓고 다양한 스펙트럼을 갖습니다. 물리적 거리가 멀어지고, 라이프스테이지가 달라지면서 기존 친구들과는 점점 소원해지고, 새로운 관계 맺기가 시작되는 것이죠.[10] 같은 나이와 같은 학교로 국한되지 않는 다변화된 '관계'로 확장된다는 뜻입니다.

　　가장 친한 친구 세 명을 떠올려보세요. 그들은 몇 살인가요? 어떻게 만났나요? 같은 동네에서 자란 동갑내기 아닌가요? 아마 함께 학교를 다니며 친구가 됐을 가능성이 가장 높겠죠? 친구와 새벽에 도서관에서 같이 공부하다, 함께 수업 듣고, 강의 끝나면 영화관이나 미팅도 함께 가고 하는 식이었죠. 그래서 예전에는 '누구랑 친하냐'가 관건이었습니다. 과거에는 졸업하고, 취직하고, 결혼하고, 아이 낳는 시기, 즉 생활주기가 다들 비슷했기 때문에 그 친구와 언제 만나도 비슷한 화제를 공유할 수 있었고요. 여고 동창회에 오랜만에 나가면 모두가 함께 남편 이야기, 시댁 험담, 아기 자랑으로 이야기 꽃을 피울 수 있었고요.

하지만 요즘엔 취직·결혼·출산 하는 나이가 제각각인데다가 누구는 프리랜서, 직장인, 누구는 미혼, 누구는 학부모 등 처지가 다 다르다 보니 공통된 대화를 찾기 어렵습니다. 학생 때 아무리 친했더라도 생활주기나 라이프스타일이 다르면 그 사람의 관계는 계속되기 어려워진 것입니다.

그다지 넓지 않은 대한민국에서 아직 학연과 지연이 어느 정도는 중요하다고 하지만, 학교와 출신을 기반으로 한 인연과 인맥은 아주 빠르게 희석되고 있습니다. 그 자리를 대체한 새로운 인간관계의 유형을 '인덱스 관계'[12]라고 표현할 수 있습니다. 인덱스 관계는 목적 기반으로 형성된 수많은 인간관계에 인덱스를 뗐다 붙였다 하며 효용성을 극대화하는 '관계 관리'에 가깝습니다. 언제든, 그때그때, 상황에 따라서 어울리는 사람과 필요로 하는 사람, 혹은 친하게 지내는 사람이 다릅니다. 관계의 스펙트럼이 오프라인뿐만 아니라 온라인으로 확장되는 요즘 관계에 어울리는 말이죠.

인덱스 관계에서 '죽마고우'와 같은 깊은 정이나 오래된 인연을 기대하기는 어렵습니다. 하지만 효율과 경제성을 중요시하는 오늘날의 문화에서 정에 기반한 친구 관계는 점차 인덱스 관계로 옮겨가고 있으며 이는 거부하기 어려운

중고등학교 친구들이랑 제일 친했는데, 다들 바쁘고 사는 곳이 멀어지니까 점점 어색해지더라고요. 거리도 그렇지만… 저는 결혼하고 아이가 있는데 아직 미혼인 친구들이랑 만나면 동창이어도 할 말이 없어요.

_30대 후반 기혼 직장인

어릴 때는 시간이 안 맞으면 서로 맞추곤 했는데, 나이가 들수록 그게 어려워요. 서로 시간 날 때 만날 수 있는 관계가 친구인 것 같아요.

_30대 초반 미혼 직장인

나이가 들면 새로운 친구를 사귀기 어려워서, 저는 동네 모임이나 취미 모임을 다닙니다. 나와 관심사 맞는 친구를 가장 효율적으로 사귈 수 있더라고요.[11]

_30대 초반 미혼 직장인

거대한 흐름입니다. 요즘의 추세를 보면 인덱스 관계는 대학 신입시절부터 시작되는 것 같기도 합니다.

> "A 씨, 피피티 어디까지 완성되셨나요?"
> "B 씨가 자료조사해주셨으니까, 저와 C 씨가 발표 나눠서
> 하는 걸로 할게요."

이는 어느 회사에서 오가는 대화가 아닙니다. 이 대화가 이뤄진 곳은 대학교 강의실 안입니다. 요즘 대학생들은 같은 과 학생이더라도 팀 과제를 할 때에는 서로 존댓말을 쓰는 경우가 많다고요. 평소에는 편하게 일상 이야기를 하지만 '팀플'은 '공적' 영역이기 때문에 높임말을 써야 한다고 생각하는 것입니다.

> 대학교에서 만난 사람들과 나중에 어떻게 어떤 업무로 엮일
> 지 모르잖아요. 대학교부터 이미지 관리가 필요한 것 같아요.
> _20대 초반 미혼 대학생

20대는 대학생 때부터 본격적인 사회생활을 시작합니다. 요즘 수업에서는 지각이나 결석하는 학생이 매우 드문데요. 동아리에서 밤새 술을 마시고, 다음날 숙취로 고생하다 수업에 못 들어갔다는 이야기는 기성세대의 추억 속에서

우정과 사랑

나 존재합니다. 2030 직장인들이 이직을 염두해두고 '평판
관리'를 하듯, 요즘 대학생은 언제 어떻게 엮일지 모르는 미
래를 대비해 '이미지 관리'를 시작하는 것입니다.

　이렇다 보니 2030세대의 교우관계는 범상치 않습니다.
동갑·동창에 국한되지 않고 복잡해지는 것입니다. 더구나
요즘은 '분초사회'잖아요. 다들 너무 바쁩니다. 바쁘고 정신
없다 보니 친구와 약속잡기도 쉽지 않습니다. 그러다 보니
친구는 '기능적'으로 변합니다. 이전에는 친한 친구와 만나
'뭐 할래?'를 물었다면, 요즘에는 목적에 따라 만날 친구를
바꿉니다. 도서관에서 공부하는 친구, 수업 같이 듣는 친구,
영화 감상 모임 친구 등이 다 따로인 식입니다. 관심과 목적
으로 관계가 재편되면서 나이보다 관심의 '공통분모'가 더
중요해졌습니다. 나이야 많든 적든 관심이 같은 일종의 '경
험 메이트'가 친구가 됩니다.

　이러한 현상은 데이터로도 확인됩니다. 한화손보 펨테
크연구소 리포트에 따르면, 학교 친구, 남자친구 등 전통적
관계에 관한 언급은 줄어드는 반면, 트위터 친구, 덕질 친구
등 온라인에서 만나는 친구와 밥친구, 술친구 등과 같이 목
적을 갖고 만나는 새로운 친구 유형의 언급량이 증가하는
것으로 나타났습니다. 시간과 에너지를 아낄 수 있는 온라
인으로 관계를 맺거나 그때그때 관심의 공통분모에 따라 기
능적으로 사람과 사귀는 경우가 증가하는 추세죠.

2030 여성 커뮤니티 내 ○○친구 유형 변화

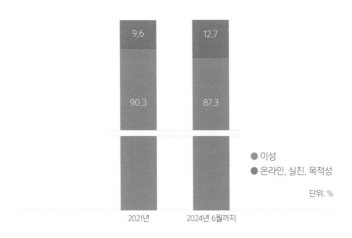

9.6
90.3
12.7
87.3

● 이성
● 온라인, 실친, 목적성

단위: %

2021년   2024년 6월까지

줄어드는 전통적 친구

평생친구
학교친구   이성친구
남자친구
현실친구
동네친구
고딩친구
소꿉친구
실제친구

늘어나는 새로운 친구

페북친구
랜선친구   필걸친구
밥친구   화사친구
오타쿠친구   뉴비친구
트위터친구
알바친구   송친구   게임친구
여행친구
인스타친구
인터넷친구

'친구로서의 가족' 등장

저는 엄마랑 제일 친한 친구예요. 가장 친한 여행 메이트 겸 인생친구 겸, 선배 겸.   _30대 초반 미혼 직장인

2030 여성의 인간관계에서 중요한 또 하나의 대상은 '엄마' 입니다. 소비트렌드분석센터에서 진행한 인터뷰에서 다수의 참가자들이 '엄마가 곧 친구'라는 점을 강조했습니다. 또한 대학내일 20대연구소의 '관계·커뮤니케이션 조사'에 따르면 Z세대의 36.6%는 일주일에 한 번 이상 부모님과 여가·취미 활동을 즐긴다고 응답했습니다. 40대인 후기밀레니얼(23.3%)이나 50대인 X세대(13.8%)와 비교하면 꽤 높은 수치입니다. 왜 이런 현상이 생길까요? 2030 자녀의 변화도 있지만, 엄마들의 변화에도 주목할 필요가 있습니다. 2030세대들의 부모는 대략 50, 60대인 반면, 40대들의 부모는 70세가 넘습니다. 산업화·민주화·디지털 사회를 함께 경험한 50, 60대 엄마들은 그전 세대보다 풍요롭고, 민주적으로 자랐습니다. 취향도 매우 젊고 개방적이고요. 딸들과 공감할 수 있는 공통분모를 많이 갖추고 있죠.

그렇다면 2030 여성들은 엄마와 무엇을 할까요? 쇼핑·맛집·카페 등을 함께 다니며 주로 여가 시간을 함께 보

세대별 일주일에 한 번 이상 부모님과 여가·취미 활동을 하는 비율

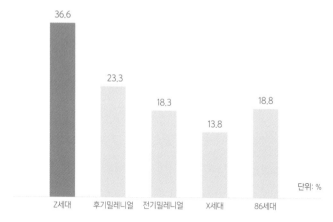

36.6
23.3
18.3
13.8
18.8

단위: %

Z세대　　후기밀레니얼　　전기밀레니얼　　X세대　　86세대

*2023년 6월, 전국 15~62세 중 Z세대 287, 후기밀레니얼 223, 전기밀레니얼 191, X세대 145, 86세대 96명
ⓒ 대학내일 20대연구소

냅니다. 특히 엄마는 '여행 메이트'라는 의견도 많았는데, 유튜브에는 '엄마랑', '엄마와 함께' 등 엄마와의 여행을 기록한 영상들을 다수 찾아볼 수 있습니다. 2030 여성의 많은 인기를 얻고 있는 이효리 씨가 엄마와 함께 여행하는 JTBC 프로그램 〈엄마, 단둘이 여행 갈래?〉 같은 프로그램이 기획된 것도 우연만은 아닐 것입니다.

　　흥미로운 점은 20대와 30대가 생각하는 엄마와의 여행에 차이가 있다는 점입니다. 앞서 언급한 설문조사에 따르면 10명 중 8명은 엄마랑 여행을 간 친구를 보면 '부럽다'는 생각이 든다고 응답하는데, 35세 전후로는 '부럽다'보다 '힘

　　　　　　　　　　　　　　　　　　　　　　우정과 사랑

들겠다'는 응답이 급격히 증가했습니다. 35세 이후에는 엄마와의 여행이 '효도'의 의미에 가까워지는 것으로 해석할 수 있습니다.

한편, 할머니·할아버지와 친하게 지내는 현상도 관찰됩니다. 최근 여행업계에서는 스킵젠여행 Skip-gen Travel이 트렌드로 부상하고 있는데요. 스킵젠여행은 20대 초중반인 Z세대부터 10대인 알파세대가 부모님을 제외하고 조부모와 함께 여행을 즐기는 가족여행의 한 형태입니다. 전쟁 직후 태어난 베이비부머 세대는 한국의 경제 성장을 이끌면서 부를 축적해온 세대로, 자신들의 성인 자녀보다 더 많은 재산을 소유하고 있고 시간도 넉넉하죠. 경제 성장이라는 1순위 목표하에 시간상, 여건상 조금 미뤄 놓았던 여행 욕구나 학구열도 강한 편입니다. 경제력을 갖춘 조부모는 손자·손녀와의 여행 비용을 부담하고, 물질적 선물보다 시간을 함께 보내면서 추억을 쌓습니다.

부모 혹은 조부모와의 관계 변화는 가족의 의미 또한 변화하고 있음을 시사합니다. 기성세대에게 가족이란 혈연 관계에 기반한 공동체였다면, 2030세대에게 가족이란 정서적인 지원 및 의지라는 의미죠. 대학내일 20대연구소의 '관계·커뮤니케이션 조사'에 따르면 Z세대는 가족의 의미를 유지하기 위해 중요한 조건으로 '정서적인 지원·의지'를 1순위로 선택한 것으로 나타났습니다. 전기·후기 밀레니얼이 '정서적인 지원·의지'를 꼽은 비율은 각각 27%, 31.7%로, 비록 혈연관계를 1순위로 선택했지만 가족으로부터의 정서적 지지를 중요하게 생각한다는 것을 알 수 있습니다.

가족에 대한 의존도가 올라간다거나, 가장 친한 친구가 엄마 혹은 형제자매라는 이야기는 점점 혼자서 감당하기 어려운 리스크가 커져가는 현대사회의 모습과도 연관이 있어 보입니다. 친구와 연인을 새로 만들어가는 과정이 설레고 행복을 주는 것이 맞긴 하지만, 그 비용과 리스크를 고려할 때 그냥 처음부터 나와 늘 같이 있었던 가족이 더 편하고 가족에게 기대고 싶다는 2030세대의 솔직한 한 단면인 것이죠.

관계가 사치가
되어버린 시대

청춘의 특권이었던 우정과 사랑의 풍속도는 예전과 많이 다릅니다. 전문가들은 높은 물가와 주거비에 비해 양질의 일자리는 줄어들면서 연애를 가장 먼저 포기하고 있다고 해석합니다.[13] 관계 맺기란 시간과 에너지를 투입해야 하는 일입니다. 혼자서 살아남아야 하는 매몰차고 각박한 각자도생의 시대에 관계 맺기에 에너지를 쏟기란 쉽지 않죠. 적당한 거리를 둘 수 있는 관계 혹은 성장을 위한 인덱스 관계만이 남는 세상이 되어가고 있습니다.

널리 알려져 있듯 미국의 심리학자 매슬로우의 욕구단계 이론에 따르면, 소속과 애정의 욕구는 3단계에 해당합니다. 이 이론의 핵심은 하위의 욕구가 충족돼야 그다음 욕구가 '순차적으로' 등장하는 것인데요. 최근 2030세대의 애정 욕구가 줄고 있다는 사실은 그 하위의 욕구인 생리적 욕구와 안전 욕구가 위협받고 있다는 의미로 해석됩니다. 지금까지 살펴본 친구·연인과의 새로운 관계 설정은 개인화된 현대사회의 한 단면이면서 기본적인 삶의 조건이 흔들리고 있다는 증거일지도 모릅니다.

그렇다면 결혼과 출산은 어떨까요? 필수가 아니라 선택이 되어버린 결혼과, 하고 싶지만 할 수 없고 하기 싫어도 완전히 포기할 수 없는 출산에 대해 이들은 어떤 생각을 하고 있을까요? 다음 장에서 그 속내를 들여다보기로 하죠.

Us

결혼과 출산

평균실종 시대,
모든 것은 선택사항?

남편과 저 모두 안정된 직장을 갖고 있고 5년차 부부지만, 아이를 갖지 않기로 결정했어요. 경제적으로 넉넉하지만 갈수록 심해지는 기후 문제와 사회 갈등 등 아이의 행복을 기약할 수 없다는 게 가장 큰 이유예요.

_30대 후반 기혼 직장인

결혼한 지 3년차이고 아직 혼인신고는 하지 않았어요. 지금 경기도에 살고 있는데, 돈을 좀 더 모아서 신혼부부 특별공급 청약을 신청하려고요. 7년이 넘으면 신혼부부로 인정되지 않더라고요.

_30대 중반 기혼 직장인

남편될 사람은 결혼정보회사를 통해 만났는데 7살 연하예요. 제가 소유하고 있는 집에서 신혼살림 시작하기로 했고요, 결혼식도 간소하게 치르려고요. 대신 신혼여행에는 아끼지 않기로 했어요.

_40대 초반 기혼 직장인

최근에 직장을 그만두기로 결정했어요. 결혼 전부터 10년 이상 다니던 곳이었는데, 그만두려고요. 아이를 갖고 싶은데 잘 들어서지 않더라고요. 퇴사하고 본격적으로 병원 다니면서 임신 준비하려고요.

_20대 후반 기혼 직장인

비혼주의자예요. 같은 팀에 있는 여자 과장님을 보면서 비혼을 결심했어요. 업무 시간에 아이 문제로 이런저런 전화를 받아야 하고, 퇴근 시간이 임박해오면 저녁 밥상도 걱정해야 하고… 자기계발의 여유가 전혀 없어 보이더라고요. 저절로 '나는 저렇게 살지 말아야지'를 매일 다짐하게 돼요.

_20대 중반 미혼 직장인

요즘 여성들의 다양한 삶의 방식을 볼 수 있는 이야기들입니다. 안정된 직장이 있음에도 아이를 갖지 않거나, 혼인신고를 미루는 등의 사례는 기성세대에게는 낯선 풍경이죠. 미디어에서는 결혼과 출산에 관심 없는 2030세대를 다루는 각종 특집 기사들이 쏟아지지만, 소비트렌드분석센터가 만난 2030 여성들의 이야기는 조금 달랐습니다. 확실한 것은 결혼이든 출산이든 항상 선택의 문제라는 점입니다. 결혼은 할 수도 안 할 수도 있는 것이고, 결혼했다고 반드시 아이를 가져야 하는 것도 아니고요. 심지어는 결혼 없이 아이를 가질 수 있다는 생각을 하기도 합니다.

2003년 통계에 따르면, 2030세대의 82.8%가 "혼인신고는 당연히 해야 한다"라고 응답했고 72.6%는 "결혼을 하면 자녀를 낳아 기르는 것이 당연하다"고 답했습니다.[1] 20년이 흐른 지금 분위기는 어떨까요? 통계청에 따르면 결혼 후 1년 내에 혼인신고를 하는 비율은 줄어드는 추세라고 합니다. 2014년 89.1%였던 관련 비율은 2022년 84.6%로 떨어졌습니다. 최근에는 서둘러 혼인신고를 하지 않는다는 뜻입니다.[2] 나아가서는 20대 여성의 80%가 결혼하지 않고 함께 사는 것에 긍정적이라고 응답한 통계도 있습니다.[3]

어쩌면 '요즘 결혼'이란 단순히 결혼을 하느냐 마느냐, 아이를 낳느냐 않느냐의 선택이 아니라, 사람과 사람이 만나 발생할 수 있는 다양한 삶의 스펙트럼이 아닐까요? 2030

여성이 결혼과 출산을 무조건 꺼리는 것은 아닙니다. 치열한 사회에서 살아남기 위한 생존 전략과 나다움을 잃지 않기 위한 노력 사이에서 각자 최선의 선택을 하고 다양한 삶의 형태로 발현될 뿐입니다.

결혼에
적당한 때란 없다

"뭡니까? 아줌마 변태예요?"

2005년에 방영된 MBC 드라마 〈내 이름은 김삼순〉에서 남자 주인공 진헌의 대사입니다. 아줌마라고 불린 김삼순의 극중 나이는 몇 살이었을까요? 스물여덟 살이었습니다. 서른 살도 채 되지 않은 여자가 노처녀라 불린 것이죠. 2005년 여성의 평균 초혼 연령이 27.7세였던 점을 고려하면, 납득 가능한 설정이긴 합니다.

서른이 되기 전에 결혼해야 한다는 당시의 사회 분위기는 이제 많이 달라졌습니다. 2024년 여성가족부가 발표한 '2024 통계로 보는 남녀의 삶' 보고서에 따르면 2023년 초혼 연령이 남성 34.0세, 여성 31.5세로 높아졌습니다.[4] 드라마 속 김삼순의 나이를 35세로 올려 설정해도 지금 시청자들로부터는 지적을 받겠죠. 어쩌면 드라마 제목이 '내 이름은 김사순'이 돼야 할지도 모르겠습니다. 실제로 소비트렌드분석센터가 만난 전문가들은 결혼 적령기에 대한 고정관념이 많이 무너지고 있다고 말합니다. 최근에는 아이를 생각하지 않고 결혼하는 부부도 많고 결혼 자체를 의무로 여기지 않기 때문에, 결혼 적령기에서 자유로운 여성들이 점점 더 많아지고 있다는 것이죠.

> 요즘에는 어느 부모도 '너 때가 되었으니 시집가라'고 하지 않아요. 결혼 적령기는 스스로 정하는 것이고, 본인이 하고 싶을 때를 결혼 적령기라고 보기도 하고요. 나이에 휘둘릴 필요가 없어요. 결혼이 의무가 아니라 선택이 되고 있고, 점점 많은 여성이 그렇게 생각하고 있습니다.
> _결혼정보회사 매니저

예전에 비해 결혼 당사자의 주체성이 중요해졌다고도 말합니다. 부모님의 성화에 못 이겨 결혼정보회사(이하 결정사)에 끌려오는 풍경은 과거의 이야기입니다. 2030 여성들은 스스로 결혼 타이밍을 결정합니다. 또 부모님에게 경제적으로 도움을 받는 경우가 아니라면 두 사람이 먼저 날을 잡고 부모에게 인사하는 경우도 있습니다. 시기뿐만 아니라 전반적인 결혼 과정에 2030세대가 좀 더 주체적으로 변하고 있는 것이죠.

결혼의 외주화, 연애하는 사람은 없는데 결정사는 호황

청년들이 연애를 하지 않는다는 지표는 많죠. 앞서 친구·연애 파트에서 살펴본 것처럼 영화관, 주점 등 대표적인 데이트 코스 관련 업종은 불황기에서 벗어나지 못하고 있습니다. 이렇게 연애 시장이 침체하는 것과 달리, 결혼정보 시장은 호황을 누리고 있습니다. 국세청 통계에 따르면 결혼정보 사업자는 2019년 대비 21% 증가했습니다. 매출도 오르는 추세고요. 결혼정보회사 듀오의 2023년 매출은 404억 원으로 2022년 대비 6% 성장했습니다.

왜 이런 현상이 나타났을까요? 일단 결혼을 하기로 결심했다면 "연애라는 빌드업 과정은 최대한 줄이고 결혼으로 빠르게 골인하려는 사람이 많아졌기 때문"입니다.[5] 더구나 결혼 상대를 찾는 데 드는 여러 수고로움을 업체에 외주화하면 리스크를 줄이고 자기 수준에서 만날 수 있는 최선의 짝을 찾을 수 있는 가장 효율적인 의사결정이 가능하다는 장점이 있습니다. 대체로 결혼정보업체는 이 사람이 정말 괜찮은 조건을 갖춘 사람인지, 더 나아가 결혼 당사자와 맞는 사람인지 '검증'하는 수고를 대리하죠. 결혼에도 일종의 개별 컨설팅이 필요한 시대가 된 것입니다.

젊은 분들은 주로 혼자 스스로 무언가를 하기보다는 학원이나 과외처럼 누군가가 옆에서 매니저같이 해주는 것을 경험한 세대예요. 그런 세대이다 보니 결혼도 전담하는 전문가, 나를 전담하는 매니저가 있었으면 좋겠다는 생각하는 것 같고요. _결정사 매니저

모든 영역에 PT 선생님이 있는 거죠. 결혼에도 퍼스널 트레이닝을 원하는 것 같아요. _결정사 매니저

전문가들은 2030 여성들이 결혼정보업체에 오는 이유를 실패 회피 경향 때문이라고 설명합니다. 이혼을 실패로 규정하는 사회적인 분위기는 많이 사라졌지만 여전히 결혼

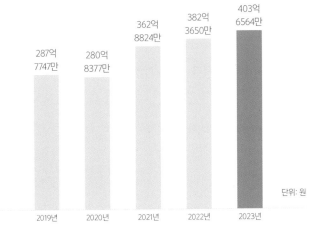

결혼정보회사 듀오 매출 변화

- 2019년: 287억 7747만
- 2020년: 280억 8377만
- 2021년: 362억 8824만
- 2022년: 382억 3650만
- 2023년: 403억 6564만

단위: 원

*2024년 듀오 감사보고서 기반

상대를 선택하는 일은 신중한 문제라는 것이죠.

결혼 상대를 찾는 수고로움을 외주화하는 결혼 문화를 반영해 최근에는 매칭 서비스를 제공하는 단체도 증가했습니다. 연애 대상이 아닌 결혼 상대를 찾는 서비스는 취향과 관심사를 공유하는 것을 넘어서 좀 더 객관적인 자료를 바탕으로 합니다. 2024년 9월 한화손보가 메인스폰서십으로 참여한 디네앙블랑 행사에서 '하얀설렘'이라는 매칭 이벤트를 제공했는데요. 전문 파티 플래너가 진행하는 가운데, 참석자들은 주민등록등본(초본)·재직증명서·혼인관계증명서 등을 제출했다고요. 소재지, 직장, 미혼 여부 등을 검증하는 과정이 있는 만큼 진지하고 엄격해 보이지만, 만남의 과정은 요트 데이트 등 다양한 문화행사 성격을 띠며 행사의 목적에 집중했습니다. 해당 행사는 200명이 참여해 24쌍의 커플이 성사되었습니다. 여성 지원자가 남성에 비해 2.3배 많아 눈길을 끌었습니다.

기업뿐만 아니라 공공기관에서도 매칭 서비스를 적극적으로 제공하는 추세입니다. 2024년 11월 23일 반포한강 공원 세빛섬에서 진행된 '설렘 in 한강'은 서울시에서 개최한 매칭 서비스인데요. 참가자 100명 중 최종 27쌍의 커플이 탄생했습니다. 서울시도 참가 신청서와 더불어 주민등록등본(초본)·재직증명서·혼인관계증명서 등을 받고, 소재지나 직장, 결혼 여부뿐만 아니라 성범죄 이력까지 조회한 것으로 알려져 화제가 되었습니다. 결혼정보회사는 확인할 수 없는 정보까지 꼼꼼하게 확인했다는 점에서 2030 여성들의 관심이 더욱 높았습니다. 약 20일간의 모집 기간 동안 3,286명이 신청해서 경쟁률이 33대 1에 달했다고 합니다.[6]

외주화를 통한 상대에 대한 검증은 서류에서 끝나지 않습니다.

> 예전에는 외모에 대한 비중이 그렇게 높지 않고, 스펙(경제력) 위주였다면 요즘 여성 분들은 신랑감의 외모를 많이 봐요. 예전에는 어느 정도 남성 분의 능력이 갖춰져 있다면 외모는 좀 떨어져도 "그럴 수 있지" 수용하는 분들이 많았거든요. 자신보다 키가 작은 남성 분들과 매칭도 많이 되었고요. 근데 요즘 여성 분들은 그렇지가 않아요. 그만큼 여성들도 완벽해졌기 때문이에요. 예전 여성 분들은 스펙과 외모가 반비례인 경우가 많았습니다. 조건이 정말 뛰어났다면 외모라든지, 다른 부분이 좀 부족한 경우도 많았죠. 그런데 요즘은 저희도 놀랄 정도로 정비례인 분들이 많은 것 같아요. 스펙도, 외모도 좋고 다재다능하고 완벽한 여성 회원 분들이 실질적으로 많아졌어요.
>
> _결정사 매니저

예전에는 남자의 경제력을 보고 결혼을 하는 여성이 많았습니다. 신랑감의 조건으로, 외모나 성격 같은 다른 조건보다 경제력이 중요했고요. 하지만 요즘의 분위기는 매우 다릅니다. 경제력보다 외모 등 다른 조건을 중요시하는 경우가 늘고 있어요. 이는 여성의 경제력이 커지면서 생겨나는 현상입니다. 통계청의 2023년 조사에 따르면 전체 부부 가운데 맞벌이 가구 비중은 48.2%로, 역대 최대 기록이었는데요. 연령대별로 살펴보면 가구주 기준 30대 기혼 가구의 맞벌이 비중이 58.9%로 가장 높았습니다. 결혼 후에도 자신의 커리어를 포기하지 않는 2030 여성들이 많다는 뜻입니다.[7]

> MBTI를 모르고 만나서 안 맞는 성향인데도 결혼까지 하는 경우도 있기는 하죠. 하지만 요즘 사람들이 MBTI를 강하게 믿어요. 예전에 혈액형 믿는 것과는 차원이 다릅니다. MBTI가 정답지 같아요. 이왕이면 MBTI까지 맞춰서 만나야 실패할 확률이 줄어드니까 그런 것 같고요. _결정사 매니저

경제력, 성격, 외모뿐만 아니라, MBTI도 중요한 조건이 되고 있습니다. 앞서 연애 파트에서도 상대의 MBTI를 중시한다고 언급했는데요. 이러한 현상이 결혼까지 이어지는 것이죠. 농담처럼 들릴 수도 있겠지만 2030세대는 MBTI에 진심입니다. 2030세대가 많이 사용하는 커뮤니티에는 결혼과 MBTI의 관계를 다룬 글이나 콘텐츠를 많이 찾아볼 수 있고요. 심지어 MBTI 유형별 연애 궁합이나 직장 상사-부

하 궁합, 친구 궁합까지 정리된 도표를 온라인상에서 쉽게 찾아볼 수 있습니다.[8] 한 결혼정보업체에서는 프로필 정보에 MBTI도 포함한다고 밝히기도 했고요.[9] 2022년 결혼정보회사 가연의 설문조사에 의하면 이성을 만날 때 MBTI를 고려하는 사람은 24.7%로, 전년 대비 3배 높은 수치를 보였습니다.[10] 2022년 조사라는 점을 고려했을 때 현재는 비율이 더 높아졌을 것으로 추측되고요.

"결혼식,
꼭 올려야 하나요?"

마음에 드는 짝을 찾아 결혼을 결심했다면, 결혼의 꽃이라는 결혼식은 어떻게 치르고 싶어 할까요? 그전에 결혼에 드는 비용부터 알아보려 합니다. 결혼정보회사 가연이 결혼 1~5년차 기혼자 1,000명을 대상으로 한 '2024 결혼비용 리포트'에 따르면, 집 마련을 제외한 평균 결혼 준비 비용이 6,298만 원이라고 합니다. 통계청의 '2022년 생애단계별 행정통계'에 따르면 15~39세 청년층의 연 평균 소득은 2,781만 원이었던 것을 고려하면, 결혼 준비 비용은 연 평균 소득의 2배가 넘는 금액인 셈이죠.[11] 서울 서초구 일대의 유명 결혼식장은 견적만 봐도 대략 5,000만 원을 넘습니다.[12]

결혼식 하루에만 중형차 한 대 값을 써야 하는 셈이죠. 급격하게 치솟은 결혼 비용을 일컫는 '웨딩 인플레이션'이라는 신조어가 등장했을 정도입니다.

웨딩 인플레이션으로 인해 결혼식을 생략하는 노웨딩 No wedding 문화가 최근 등장했습니다. 한동안 결혼식 규모를 축소하는 스몰웨딩이 인기였는데, 이제는 아예 결혼식을 하지 않는 노웨딩을 선택하는 것이죠. 노웨딩 트렌드가 시작된 것은 코로나19 팬데믹이 한창이던 2020년부터입니다. 당시에는 사회적 거리두기로 인해 결혼식을 생략하는 경우가 많았는데, 팬데믹이 끝난 지금은 자발적으로 노웨딩을 선택하는 부부들이 늘고 있는 것입니다.

이는 2030세대가 결혼 적령기에 진입하면서 본격화되는 모양새입니다. 과도한 절차와 비용 대신 효율성을 중시하는 세대적 특성이 반영된 것이기도 합니다. 통계청의 '2023 수도권 미혼인구 분석'에 따르면 수도권 미혼 인구(20~49세)의 73.9%가 "우리나라의 결혼식 문화가 과도하다"고 응답했다고요.[13] 경제 미디어 어피티가 밀레니얼세대 1,247명을 대상으로 한 설문조사에 따르면 "결혼식이 필요하지 않다"는 응답이 전체의 63.6%를 차지했습니다.[14] 또한 한 결정사의 조사에 따르면 "상대와 의견이 맞는다면, 결혼식을 생략해도 된다"고 응답한 비율이 37.8%로, 가장 다수의 선택지였다고 합니다.[15]

결혼식을 생략하는 MZ세대들이 늘면서 결혼 풍경도 달라지고 있습니다. 식이 없으니 청첩장을 제작하지 않는 대신 결혼 알림장을 만드는 것이 대표적인 사례입니다. 결혼 알림장은 결혼식을 올리지 않는다는 안내와 함께 앞으로 잘 살겠다는 다짐을 담아 지인들에게 혼인을 알리는 목적으로 제작됩니다. 또 예식을 하지 않는 대신 이색적인 결혼 이벤트를 하거나 신혼여행에 공을 들이는 문화도 나타납니다. 결혼을 기념으로 산티아고 순례길을 걷거나 일명 '스드메(스튜디오사진·드레스·메이크업)'에 쓸 돈을 아껴 신혼여행지에서 근사한 스냅촬영을 하는 등 각자만의 방식으로 결혼을 기록하는 것이죠.[16]

혼인신고의 손익계산서

대한민국은 법률혼주의를 채택하고 있습니다. 혼인신고를 해야 부부로 법적 인정을 받는 것이죠. 그래서 예전에는 결혼하면 혼인신고를 바로 하는 것이 의무이자 당연한 일이었습니다. 하지만 요즘엔 생각이 많이 달라졌습니다. 요즘 부부에게 혼인신고는 일종의 재테크 전략입니다.[17] 결혼식과 별개로 타이밍을 잘 따져봐야 하는 선택의 문제죠. 부부

일 때와 1인 가구일 때 각종 제도에서 얻는 혜택이 달라지기 때문입니다. 일례로 혼인신고 전 각각 1주택을 보유한 경우 혼인신고 후 1가구 2주택이 되면서 주택 거래 시 양도세나 취득세가 증가할 수 있습니다. 또 낮은 금리로 돈을 빌려주는 청년 전용 버팀목전세자금대출로 신혼집을 구하려고 하는 부부들이 많다 보니 혼인신고를 미루고 각각 대출을 받아 신혼집을 마련하기도 합니다. 이러한 이유로 재테크 커뮤니티 등에는 '혼인신고를 하면 내 집 마련과 더 멀어진다'거나, '혼인신고는 최대한 따져보고 안 할 수 있을 때까지 미루라'는 조언을 심심치 않게 찾아볼 수 있습니다. 비슷한 맥락에서 혼인신고를 하면 불리한 점이 생긴다는 의미로, '결혼 페널티'라는 신조어도 생겼고요.[18]

반대의 경우도 있습니다. 인터뷰 내용에서도 볼 수 있듯 신혼부부 특별공급이나 행복주택 등에 당첨이 되면 혼인신고가 되어 있어야 하기 때문에 당첨을 계기로 결혼식을 올리는 경우도 종종 볼 수 있었습니다. 혼인신고에도 손익이 있다니, 예전에는 생각지도 못했을 셈법이 요즘에는 당연한 전략으로 통합니다.

동거는 연애의 종류라고 생각해요. 동거하는 과정 속에서 패턴이라든가 가치관이라든가 성격, 이런 것들이 어느 정도 수용할 수 있는지, 내가 감당을 할 수 있는지, 서로 이해를 할

　　　　　　　　　　　　　　　　　결혼과 출산

2021년에 결혼하고 바로
혼인신고 했는데, 제가 너무
정직했다는 생각이 들었어요.
당시 디딤돌대출을 받으려고
알아보니까 부부 합산 연 소득으로
자격이 안 되더라고요. 차라리
혼인신고를 하지 않았다면 대출을
받을 수 있었을 거예요.

_30대 중반 기혼 직장인

'서른 전에 결혼하자'
이런 이야기를 하다가 우연히
LH행복주택에 당첨되어서…
신혼부부 혜택을 받으려면
혼인신고를 해야 하고요.
정부 정책 때문에 자연스럽게
혼인신고까지 하고 그때
결혼식까지 진행이 된 것 같아요.

_30대 초반 기혼 직장인

수 있는지 알아봐야죠. 수용할 수 있는 범위 내에서 둘이 만나서 결혼까지 갔을 때는 어떤 문제들이 생겨도 잘 이겨낼 수 있을 것 같은데, 그런 과정을 모른 채로 결혼생활이 시작되면 그때 생기는 리스크들은 너무 큰 것 같아요.

_30대 후반 미혼 직장인

당연하게 여겨졌던 혼인신고가 선택지가 되는 것처럼 당연하지 않았던 게 자연스러워지기도 합니다. 바로 연애-동거-결혼의 경계가 흐려지고 있다는 것을 들 수 있습니다. 동거에 대한 소신이나 원칙이 있어서 동거를 시작하는 경우도 있지만, 연애가 자연스럽게 동거로 이어지는 경우도 많다고요. 특히 30대 여성들은 본격적으로 동거를 시작한 건 아니지만 연애를 하면서 동거와 비슷하게 거주 형태가 바뀌었다고 말했습니다. 또한 30대 중후반 집단에서는 동거를 연애의 한 종류이자 결혼 전에 서로의 패턴과 가치관을 맞춰보는 단계로 인식하고 있었고요.

실제로 결혼을 전제로 하든 하지 않든, 동거에 대한 긍정적인 인식은 증가하는 추세입니다. 통계청이 발간한 '한국의 사회동향 2023' 보고서에 따르면 2030세대가 동거를 긍정적으로 인식하는 비율은 2015년 25.9%에서 2020년 40.6%로 크게 증가했습니다.[19] 자연스럽게 동거를 경험하게 되거나 동거에 대한 필요성을 느끼는 2030세대들이 많아지면서 결정사에 '동거만 하고 싶은데, 동의하는 사람이 있을지'를 문의하는 경우도 적지 않다고요.

결혼 전 동거가 자연스러워지는 만큼 요즘엔 결혼하고도 따로 사는 트렌드도 감지됩니다. 미국에서는 LAT^{Living Apart Together}라는 라이프스타일이 부상하고 있는데요. LAT란 분리된 거주 공간에서 살아가는 커플 또는 부부 관계를 의미한다고요. 단순히 각방을 쓰고 각자의 취미 방이 있는 것을 넘어 거주하는 아파트나 주택 자체가 분리된 형태를 말합니다. 사이가 좋지 않아 이혼하거나 별거하는 경우와는 다르며, 자녀의 양육 방식이 다르거나 라이프스타일 및 인테리어 취향에 차이가 있을 경우 서로의 가치관을 존중해 따로 거주합니다. 본격적인 LAT까지는 아니지만 한국의 2030 여성들도 동거와 결혼이라는 스펙트럼 사이에서 다양한 삶의 방식들을 고민하고 있었습니다.

인터뷰에서 볼 수 있듯이 2030 여성들은 결혼했다고 반드시 부부가 항상 함께 행동해야 한다고 생각하지 않습니다. 결혼 후에도 각자 본가에서 나만의 시간을 보낼 수 있는 것이죠. 또한 결혼을 하면 나만의 공간을 가질 수 없다는 생각 때문에 따로 거주하는 상태를 유지하려고도 합니다. 예전에는 생각하지 못했던 다양한 결혼생활의 모습이 펼쳐지고 있습니다.

"모르겠어요~
출산이 결혼보다 더 고민이에요"

출산에 대한 2030 여성들의 심경을 한 마디로 표현하면 '모르겠다'입니다. 합계출산율 0.74명(2024년 기준). 유례없는 저출생 시대에 미디어에서는 관련 설문조사가 쏟아지고 있죠. 대체적으로 출산에 부정적인 여성들에 초점이 맞춰지지만 직접 만나 인터뷰한 2030 여성들은 출산을 하지 않겠다고 결심했다기보다는, 어떠한 결정도 내리지 못한 채 유보하는 경우가 많았습니다. 한화손보 펨테크연구소가 25~39세 남녀를 대상으로 '외로움 및 관계 맺기 인식조사'를 실시한 결과, 결혼 의향이 있는 집단과 없는 집단 모두, 결혼을 주저하는 요인으로 출산과 양육 부담을 꼽았습니다. 특히 결혼을 주저하게 만드는 다양한 요인들 중 출산과 양육 부담을 꼽은 여성들이 남성들에 비해 많았다는 점이 눈에 띄고요.

　　중요한 점은 결혼은 '한다, 안 한다'를 비교적 분명하게 선택하는 반면, 출산은 선뜻 선택을 하지 못하고 주저하는 모습을 보인다는 점입니다. 만약 설문조사에 출산을 미루는 이유로 '모르겠다'는 항목이 있다면 가장 높은 비율로 선택되지 않을까요. 출산을 고민하는 사람도, 결혼은 해도 아이는 갖지 않는 '딩크'를 염두하는 사람도, "이게 맞는지 모르겠다"는 뉘앙스였습니다. 2030 여성들이 말하는 '모르겠

　　　　　　　　　　　　　　　　　　결혼과 출산

Q. 만약 결혼을 안 하거나 주저하게 만드는 요소가 있다면 그 이유
를 순서대로 세 가지 선택해주세요.

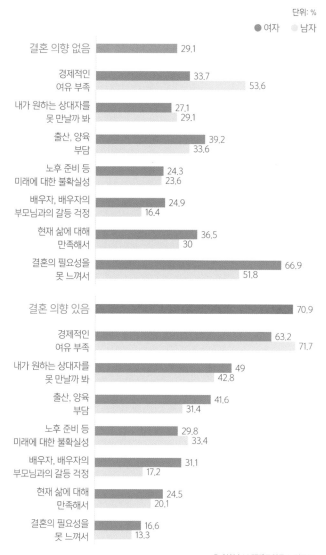

단위: %
● 여자 ○ 남자

	여자	남자
결혼 의향 없음	29.1	
경제적인 여유 부족	33.7	53.6
내가 원하는 상대자를 못 만날까 봐	27.1	29.1
출산, 양육 부담	39.2	33.6
노후 준비 등 미래에 대한 불확실성	24.3	23.6
배우자, 배우자의 부모님과의 갈등 걱정	24.9	16.4
현재 삶에 대해 만족해서	36.5	30
결혼의 필요성을 못 느껴서	66.9	51.8
결혼 의향 있음	70.9	
경제적인 여유 부족	63.2	71.7
내가 원하는 상대자를 못 만날까 봐	49	42.8
출산, 양육 부담	41.6	31.4
노후 준비 등 미래에 대한 불확실성	29.8	33.4
배우자, 배우자의 부모님과의 갈등 걱정	31.1	17.2
현재 삶에 대해 만족해서	24.5	20.1
결혼의 필요성을 못 느껴서	16.6	13.3

ⓒ 한화손보 펨테크연구소 리포트

다'의 이면에는 어떠한 고민이 담겨있는 것일까요? 여러 가지가 있겠지만 출산으로 인한 경력단절과 같은 문제는 다음 파트에서 구체적으로 이야기하기로 하고, 여기서는 보다 근원적인 의미를 살펴보려 합니다.

아이를 낳고 기르는 것은 결혼과는 차원이 다른 문제입니다. 결혼은 정말 맞지 않는다면 이혼이라는 선택지가 있죠. 하지만 아이는 다릅니다. 아이는 출산하는 순간 영원히 책임져야 합니다. 힘들다고 무를 수 없고요. 책임은 남녀 모두의 문제이겠지만 실제로 만나서 인터뷰한 결과 여성들이 느끼는 부담감이 더 컸습니다. 2030 여성들은 '연애와 결혼을 해야 할까'보다 '출산을 해야 할까' 하는 고민을 훨씬 더 심각하게 하고 있었습니다. 여기에 더해 출산은 언제까지나 결정을 미룰 수 없다는 점에서 2030 여성들이 느끼는 압박감이 상당합니다. 점점 출산 연령이 높아지는 추세지만 출산이 가능한 물리적 시점이 존재하기 때문이죠. '지금은 낳지 않겠다고 결정했지만 나중에 마음이 바뀌는 것은 아닐까?', '가보지 않은 길(비출산)에 대한 후회는 없을까?' 등 여러 고민들을 하다 보면 결국 '모르겠다'는 결론에 이르게 되고요.

클라우디아 골딘 하버드대 교수는 노동시장 내 성별 격차의 주요 원인을 밝혀낸 공로를 인정받아 2023년 노벨경제학상을 받았는데요. 그는 대학 졸업과 취업 이후 동일선

저희는 아직 자녀가 없다 보니까 한 달에
한 번씩은 각자 집에 가서 주말을 보내고
와요. 부모님 댁에 가서 자고 오고 남편도
그러고요. 금요일날 퇴근하고 각자 본가에
가서 부모님과 같이 주말을 보내고 집에 오
는 거죠.

_30대 초반 기혼 직장인

저는 살림을 합치는 것보다 그냥 내 집, 네 집이 따로 있고 왔
다갔다하는 게 편해서 결혼을 조금 미루는 것도 있어요. 보
기 싫을 때는 떨어져 있을 수도 있고, 저는 개인적인 시간과
공간도 필요한 스타일이라서 지금처럼 따로 사는 게 더 편한
것 같아요.

_30대 초반 미혼 자영업자

상에서 출발한 남녀 임금이 10년 정도 지나면 상당한 격차로 벌어지는데, 그 원인을 출산으로 꼽으며 '출산 페널티Child Penalty'라는 용어를 사용했습니다. 이를 계기로 국내에서도 출산 페널티 혹은 차일드 페널티라는 말이 자주 사용되고 있습니다. 출산 페널티는 말 그대로 아이를 낳고 기르는 행위가 여성 경력에 악영향을 미치는 제약으로 작용한다는 뜻이고요.

> 미혼으로 제 몸 하나 건사하는 것은 열심히 노력하면 되는데 아이를 가진 엄마나 누군가의 부인으로 살 때 2등 시민이 된 것 같은 그런 느낌이 들어요. 약간 좀 밀리는? 제가 양보하고 희생해야 하고… 저는 원하지 않는데 그게 당연한 것 같은 분위기가 간접적으로 느껴지니까요.
>
> _30대 초반 미혼 직장인

실제로 2030 여성들은 결혼 페널티보다 출산 페널티를 더 큰 문제로 여기고 있었습니다. 결혼정보회사 가연이 25~39세 미혼 남녀를 대상으로 실시한 '2024 결혼 인식조사'에 따르면 결혼으로 인해 세제·재정·규제 면에서 받는 불이익을 의미하는 '결혼 페널티'의 경우 남성의 50%, 여성의 58.8%가 '존재한다'고 응답했다고요. 반면 출산에 따른 여성의 고용상 불이익을 의미하는 '출산 페널티가 있다'고

애를 한 번 낳으면 사실 제가 그 애가 클 때까지 평생 책임져야 되잖아요. 거기에서 오는 내 자유도 당연히 없을 것이고, 아기를 임신하면서 출산까지 몸도 망가질 거고… 이런 것을 생각하면 안 낳고 싶다가도 그래도 여자로 태어났으면 애는 낳아보고도 싶고… 이런 생각이 하루 300번씩 왔다갔다해요.

_30대 중반 미혼 직장인

학교 후배 중에 동거 8년차 되는 친구가 있는데, 그 애는 결혼 생각이 없더라고요. 그런데 같이 사는 건 너무 편하니까 같이 계속 살고는 싶고 결혼은 하기 싫고 아기는 좋아하는데 출산하기는 부담스러운… 복잡한 마음이죠.

_30대 후반 미혼 직장인

응답한 비율은 남성의 77.2%, 여성의 92.8%였습니다. 남녀를 불문하고 결혼보다는 출산·양육에 더 큰 불이익이 따른다는 데 동의한 것이죠.[20]

최근 한국개발연구원(KDI)도 여성의 출산이 경력에 미치는 영향이 크다고 분석한 바 있습니다. 연구에 따르면 무자녀 여성의 경력단절 확률은 2022년 9%인 반면, 자녀가 있는 여성은 경력단절 확률이 2022년 24%로 큰 차이를 보였습니다. 또한 KDI는 보고서에서 30대 무자녀 여성이 출산을 포기한다면 2023년 현재 경력단절 확률을 최소 14%p 이

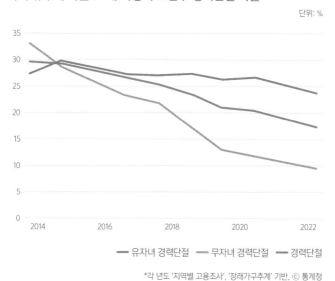

자녀 유무에 따른 30대 여성의 조건부 경력단절 확률[22]

단위: %

— 유자녀 경력단절　— 무자녀 경력단절　— 경력단절

*각 년도 '지역별 고용조사', '장래가구추계' 기반, ⓒ 통계청

결혼과 출산

상 줄일 수 있다고 분석했고요.[21] 경력을 위해서라면 출산을 포기하는 게 합리적 선택인 셈입니다.

더구나 요즘 2030세대는 어렸을 때부터 성별에 따른 차이 없이 동등한 교육을 받고 자랐습니다. 똑같이 대학에 입학하고 어렵게 취직에 성공했는데 출산과 육아라는 벽 앞에서 커리어가 단절되는 것은 견디기 어려운 경험입니다. 커리어 전문가는 양육의 책임이 여성에게 편중되어 있는 지금과 같은 상황에서는 아기를 출산하기 전과 자녀가 자란 후, 딱 두 시점에서만 여성들이 일을 하고 자기계발을 할 수 있다고 말합니다. 대개는 커리어가 정점에 있을 때 단절을 경험해야 한다는 것이죠. 앞서 인터뷰에 응한 30대 여성은 엄마는 곧 '2등 시민'이라고 표현했습니다. 2등 시민에는 가정과 자녀라는 명목하에 희생이 당연시되고 자연스레 밀려나게 될 것 같은 두려움이 내포되어 있습니다.

> 애 아프다고 반차 쓰고 뛰쳐나가는 사람=여자 상사
>
> 퇴근 시간에 밥 걱정하는 사람=여자 상사
>
> 업무 시간에 학원 선생님 전화받는 사람=여자 상사
>
> 결혼이고 출산이고 아무 생각 없이 살았는데, 취업하자마자 출산 생각 바로 사라짐. 옆에 있는 여자 상사분이 내 미래라고 생각하면 무섭다. 그냥 회사 다니는 것만으로도 힘든데….

한 커뮤니티에 올라온 글입니다.[23] 자녀가 있는 기혼 맞벌이 여성들의 일상이 어떠한지 엿볼 수 있죠. 2030 여성들이 주변에서 먼저 엄마가 된 친구들과 선배 세대를 보면서 느끼는 감정은 공포에 가깝습니다.

실제로 한국의 가사노동 분담은 기형적인 구조를 갖고 있습니다. 통계청의 조사에 따르면, 가사를 공평하게 분담해야 한다고 생각하는 비율은 64.7%로 2012년 45.3% 대비 19.4%p 상승한 것으로 나타났습니다. 하지만 실제 가사를 공평하게 분담하고 있다고 응답한 비율은 남편 21.3%, 아내 20.5%였습니다. 2012년(남편 16.1%, 아내 15.5%) 대비 증가한 수치지만, 가사를 공평하게 분담해야 한다고 생각하는 '견해'와 '실제 가사를 분담하고 있다' 사이에는 여전히 괴리가 있는 것이죠. 2019년 기준 맞벌이 부부의 가사노동 시간은 남편 54분, 아내 3시간 7분입니다. 놀라운 점은 아내만 취업한 경우에도 남편 1시간 59분, 아내 2시간 36분으로 여성의 가사노동 시간이 더 높다는 사실입니다.[24] 남성과 여성 중 누가 취업을 했는가와 상관없이 여성은 더 많은 가사노동을 하고 있습니다. 이러한 상황을 먼저 경험한 선배 여성들조차 결혼과 출산을 권하지 않습니다. 지금의 4050 여성들이 '결혼과 출산은 당연하다'는 조언을 들었던 것과는 사뭇 달라진 분위기죠.

결혼과 출산

그럼에도 불구하고…
엄마를 꿈꾸다

출산과 육아를 어렵게 하는 현실적인 여러 제약들이 있지만 모든 2030 여성들이 출산을 꺼리는 것은 아닙니다. 출산에 수반되는 '힘듦', 사회적 기대를 충족해야 한다는 '의무감', 아이를 키우면서 느끼는 '충만함', 부부를 넘어 자녀가 있는 가족을 꾸려보고 싶은 '소망', 출산 과정에서 경험할 수 있는 '경외감' 등 수없이 많은 감정 및 장단점들이 혼재하는 가운데 출산을 '결심'하는 여성들도 많습니다. 최근 언론에서는 결혼과 출산에 대한 MZ세대의 달라진 기류에 주목하는 추세입니다. 통계청에 따르면 2024년 8월 출생아 수는 2만 98명으로 1년 전보다 1,124명(5.9%) 증가했습니다. 7월 (1,516명)에 이어 두 달째 1,000명 이상 늘어난 수치입니다.[25]

인공수정이나 체외수정 시술(시험관)도 증가하는 추세입니다. 건강보험심사평가원에 따르면, 2022년 기준 난임 시술을 받은 부부는 14만 458명으로, 2018년 대비 17.5% 증가했습니다.[26] 출생아 8명 중 1명 이상이 인공수정이나 체외수정 시술로 태어날 만큼 난임은 흔한 풍경이고요. SNS나 커뮤니티 등에서 임신이 잘 되는 법을 공유하거나 유명하다는 난임병원 근처에 원룸을 구해놓고 병원 진료를 받는 사람도 있습니다. 임신 확률이 높다는 의사를 찾아 병원을 계속해서 바꾸는 '난임 노마드'라는 신조어가 생겨날 정도입니다.[27] 2030 여성들 사이에서 난자동결도 핫한 이슈입니다. 최근 조사에 따르면 미혼 여성의 난자동결 보관 시술 건수는 누적 4,563건에 달합니다. 국내에서 가장 많은 난자동결 보관 시술을 하는 것으로 알려져 있는 차병원 그룹에 따르면 2015년 72건에 불과했으나 2022년 1,004건으로 증가하는 추세입니다.[28] 언젠가 출산을 할 수도 있다는 걱정이 반영된 것이고요.

> 결정사 가입 상담을 하면서 난자 냉동한 이야기를 많이들 해요. 99년 생이든 81년생이든 나이 상관없이 그 이야기를 많이 합니다. 난자를 얼렸다고 밝히는 것은 출산할 마음이 있다는 것이기도 하고요.
>
> _결정사 매니저

"꼭 결혼을 해야만 출산을 할 수 있나요?" 소비트렌드 분석센터가 만난 2030 여성들 중에서는 조심스럽지만 이런 도전적인 의문을 제기하는 경우도 있었습니다. 2020년 방송인 사유리 씨의 비혼 출산 소식이 알려지면서 비혼 출산을 막연히 꿈꿨던 사람들은 응원의 메시지를 던졌고요. 실제로 통계청의 '2024년 사회조사'와 국가통계포털(KOSIS)에 따르면 2024년 20~29세 응답자 중 42.8%가 '결혼하지 않고도 자녀를 가질 수 있다'고 답했습니다. 2014년(30.3%)과 비아이를 낳은 친구의 가족과 놀러 간 적 있어요. 서로 다 동갑인데, 친구 부부가 한 아이를 함께 양육하는 모습을 보고 '이게 결속력을 다질 수 있는 계기가 되겠구나'라는 것을 확실히 느꼈달까요. 그때부터 임신 생각이 확고해졌어요.

_30대 중반 기혼 연구원

이렇게 한 사람을 키운다는 게
제일 존경스러운 일인 것 같아요.

_30대 초반 기혼 직장인

혼자 여행가든 무얼 하든 혼자 잘하는 스타일이에요. 혼자만의 시간을 갖는 게 되게 행복해서 내 리듬을 깨고 싶지 않아요. 현재도 한 향후 1, 2년 뒤에도요. 연애도 결혼도 계획이 없어요. 하지만 출산은 하고 싶어요. 출산을 하려면 결혼을 해야겠죠?

_30대 초반 미혼 직장인

교해 12.5%p 증가한 수치입니다. 이 중 20대 여성의 42.4%
는 결혼하지 않고도 아이를 가질 수 있다고 답했고요. 20대
의 인식이 바뀌고 있습니다.[29]

결혼하지 않고 아이를 갖는 데에는 두 가지 방법이 있
습니다. 첫째, 동거 커플 사이에서의 혼외 출생하는 경우와
둘째, 정자 기증을 받아 자녀를 출산하는 경우입니다. 해외
에서는 동거 커플 사이에서의 혼외 출생에 대해 허용하는
분위기입니다. 대표적으로 프랑스는 '시민연대계약PACS, Pacte
Civil de Solidarite'을 맺은 동거 커플은 결혼한 커플과 마찬가지
로 똑같은 출산·육아 지원을 합니다. 2022년 기준 프랑스에
서 태어난 아이의 약 64%가 혼외 출생이고요.[30]

정자 기증에 대해서는 해외에서도 의견이 분분합니다.
2020년 기준으로 프랑스에선 정자 기증을 받을 수 있도록
하고, 의료보험 혜택을 주는 내용의 입법을 진행 중이나 찬
반 논란이 거셉니다. 미국에서는 소위 '정자 쇼핑'까지 가능
한데요. 정자를 기증하려는 사람이나 받으려는 사람이 올린
소개글을 보고 선택할 수 있습니다. 이러한 이유로 스펙이
'좋은' 기증자의 정자를 선택해 아이를 출산하는 소위 '디자
이너 베이비Designer Babies'에 대한 오랜 논쟁이 이어져오고 있
습니다.[31]

우리나라의 경우는 어떨까요? 최근 '혼외자 말고 아들
이라고 부르자'라는 전 여성가족부 차관의 SNS 글이 화제

가 된 적 있습니다. 비혼 출산을 인정한 배우의 자녀를 언급하며 한 이야기인데요. 현실적으로는 동거 부부, 사실혼 관계의 자녀는 혼외자녀로 기록됩니다. 법률혼 관계에서는 출생 신고를 하면서 바로 자식으로 등록되지만, 사실혼 관계는 부부 사이도, 부모와 자식 관계도 법적으로 증명해야 하는 등 번거롭고 어려운 절차가 있는 게 사실입니다. 하지만 최근의 사건과 논쟁들이 보여주듯 주목해야 할 것은 한국에서도 조금씩 의식이 달라지고 있다는 사실입니다. 가족을 어떻게 정의해야 할까요? 2030 여성들뿐만 아니라 한국사회에 남겨진 숙제입니다.

평균실종 시대의
가장 나다운 사랑법

2030 여성들이 말하는 결혼과 출산은 이전과는 사뭇 다른 모습입니다. 이렇게 다양한 모양으로 결혼과 출산의 형태가 나타나는 이유는 2030 여성들이 결혼과 출산을 포함한 인생의 중요한 고비마다 '나답게 산다는 것은 어떤 모습일까?'를 고민하고 있기 때문입니다. 결혼, 출산의 매 과정에서 당연한 것은 없습니다. '결혼과 출산이 가져올 변화를 감당할 수 있는가?', '나다움을 지키는 결혼은 무엇인가?', '나를 잃

지 않고 육아를 해나갈 수 있는 방법은 무엇인가?' 등 2030 여성들은 스스로 끊임없이 질문하고 재정의하고 있습니다.

2021년 출간된《나는 내 딸이 이기적으로 살기 바란다》는 20년차 대학 교수가 20대 중반의 딸에게 전하는 메시지를 담은 책입니다. 여기서 '이기적으로 살라'는 말에는 누구의 딸, 아내, 며느리, 엄마가 아닌 온전한 자신으로 살기를 바라는 마음이 담겨있습니다. 결혼과 출산은 행복하기 위한 선택입니다. 누군가의 희생을 바탕으로 한 결혼과 출산이 과연 행복일까요? 2030 여성들은 '나의 행복'이라는 대전제를 놓지 않습니다. 나다움을 잃지 않는 결혼, 나도 중요한 육아. 결혼과 출산이라는 과제에 직면하며 2030 여성들이 만들어가는 다양한 스펙트럼의 변화는 이제 시작입니다.

결혼과 출산

Growth

커리어

**일은 곧 나의 삶,
나의 브랜드**

저는 평생 일할 거예요. 지금 하고 있는 일을 쭉 할지 모르겠지만, 죽기 전까지 할 것 같아요. 금전적으로 여유가 넘쳐도 눈감는 순간까지 하고 싶어요.

2030 여성들은 한결같이 말합니다. 평생 일을 계속하고 싶다고요. 세간의 선입견을 뛰어넘는 발언이지 않나요? 40대 이전에 조기 은퇴하는 파이어족FIRE, Financial Independent Retire Early 을 꿈꾸는 줄만 알았습니다. 실제로 각종 재테크 커뮤니티에는 적절한 현금 흐름을 만들어놓고 은퇴해야 한다는 콘텐츠가 넘쳐나기도 하고요. 그런데 평생 일하고 싶다니, 쉽게 이해가 가질 않아서 가만히 들여다보았습니다. 일하고 싶다는 말에 다른 의미가 숨어있더라고요. 일단 "평생 월급쟁이로 회사를 다니고 싶다"는 의미는 아니었습니다.

이들에게 '일'은 단지 생계의 수단이 아니라, 나를 의미하는 '정체성'입니다. 이들이 일하는 이유는 돈 벌기를 넘어서 나의 존재를 증명하기 위해서입니다. 누군가의 아내나 엄마가 아닌 '한 명의 사회구성원'으로서, 일을 하는 사회인으로서 자기 타이틀을 가지려는 것이죠. 나아가 일을 하지 않는다는 것은 그동안 열심히 공부하고 쌓아온 나의 과거를 부정하는 일이기도 합니다. '일이란 안 할 수 있다면 되도록 피하고 싶을 것'이라는 일반적인 통념과는 달리, 일을 바라보는 시각이 근원적으로 변화하고 있는 것이죠.

커리어

일은 저한테 삶 그 자체예요. 제가 원하는 삶의 방식대로 일하고 있는 것이니까, 그런 부분에서 제 정체성이에요.

_20대 후반 미혼 직장인

저는 성취감이 중요한 사람이라 제 포지션과 상관없이 일을 계속할 것 같아요. 꼭 대기업이 아니더라도 내가 어느 조직 안에서 어떤 조직원으로 일하고 있다는 것 자체가 필요해요. 오히려 일을 안 할 때 더 힘들고 더 불행했어요.

_30대 초반 미혼 직장인

저는 삶의 원동력이 커리어인 것 같아요. 내가 하고 있는 일 하나라도 있어야 나를 소개할 수 있고요. 내가 살아있는 증거인 거죠.   _30대 중반 기혼 무자녀 프리랜서

일을 안 했을 때의 스트레스보다 일을 할 때의 스트레스가 더 괜찮다(견딜 만하다)라는 그런 결론이 났어요. 생산적인 일을 못 한다는 게 생각보다 스트레스가 컸어요.

_30대 초반 기혼 무자녀 전업주부

나에게 일이란, 사회구성원으로서 성취감을 얻는 것이에요. 애랑 남편을 떠나서 ○○○이란 이름, 나 자신으로서 있는 일.

_30대 중반 기혼 유자녀 프리랜서

이런 생각은 데이터로도 확인할 수 있습니다. 대한민국 여성 1,200명을 대상으로 실시한 설문조사에서, 전체 응답자의 약 90%가 "부모님 세대에 비해 요즘 여성들에게는 나의 일Job을 갖는 것이 중요해졌다"고 대답했습니다. "생존을 위한 일이 아니라면, 평생 일을 하는 것도 괜찮다"는 응답도 약 77%에 달했고요. '생존을 위한 일이 아닌, 일을 평생 하고 싶다'는 말은 곧 '정체성을 지키고 성장해나갈 수 있는 나만의 커리어 브랜드를 가지고 싶다'는 의미 아닐까요. 자신의 능력을 경제적 가치로 증명하는 자본주의 사회에서 자신만의 커리어로 정체성을 표현하고자 하는 욕망은 어쩌면 당연할 것입니다. 한편으론 그 욕망이 당연해지는 쪽으로 변해왔다면 구체적으론 어떻게 변해왔는지 살펴볼 필요도 있습니다. 대한민국의 현재를 살아가는 그들은 커리어에 대해 어떤 고민을 하며 살아가고 있을까요? 직장에서 느끼는 불안과 욕망은 어떤 모습일까요? 나아가 어떻게 평생의 커리어를 준비하고 있을까요? 사람마다, 상황마다 그 정도는 다르겠지만 일은 곧 나의 정체성이라는 관점으로 보면 그들을 이해할 수 있습니다.

우리가 듣고 싶은 말은?
"잘한다" vs. "잘하고 있어"

A: "○○씨, 일 정말 잘하는데!! 이야~~"

B: "○○씨, 힘든 프로젝트인데 정말 잘 해주고 있어.
고마워."

상사가 격려를 건넨다면, 위의 두 말 중 어떤 말을 더 듣고 싶은가요? A의 '잘한다'는 표현은 능력의 '인정'에, B의 '잘하고 있다'는 표현은 지금까지 잘 해왔고 또 잘 해갈 것이라는 '응원'에 가깝다고 볼 수 있죠. 2030 여성들은 어떤 쪽을 더 선호할까요? 설문조사 결과를 살펴보면, 전체 응답자 중 77.1%가 A, 즉 '잘한다'를 선택했습니다. 과정에 대한 격려보다는 성과에 대한 인정을 더 원하는 셈이죠.

나이대별로 살펴보면 미세한 차이가 보이는데요, 그 결과가 흥미롭습니다. 젊을수록 인정에 대한 열망이 강해져요. 대체로 일을 처음 시작하는 20대 여성들의 84.5%가 '잘한다'라는 말을 듣고 싶어 하며, 전체 연령 중 인정에 대한 욕구가 가장 높았습니다. 회사와 상사가 내 능력을 알아보는 데서 기쁨을 느끼고, 내가 이 회사에 필요한 존재라는 사실을 확인받으려 합니다. 이러한 모습은 일찍이 일터 밖에서부터 종종 보이곤 했는데요. 예컨대 나의 투자 수익률을 막연하게 자랑하기보다는 실제로 통장 잔고를 사진 찍어 올리며 내 능력을 객관적으로 증명해 보입니다. 휴양지에 가거나 등산한 후 멋진 인증샷을 올리는 것으론 부족합니다. 내가 실제로 등산했다는 사실을 증명하는 '인증서' 하나쯤은 받아야 직성이 풀립니다. 20대는 능력치를 선보이고 남들에게 인정받는 것을 즐깁니다.

반면 조직에서 관리자 역할을 맡게 되는 30대 중반부터는 '잘 하고 있다'는 응원에 대한 선호가 조금씩 높아집니다. 회사 업무에 어느 정도 적응한 이후부터 일을 잘하는 것은 그들에겐 기본이기 때문입니다. 반면 힘든 상황과 여건 속에서도 업무를 잘 헤쳐 나가고 있다는 주변 사람들의 정서적 지지는 크면 클수록 많으면 많을수록 좋습니다. 가정과 회사 일을 병행하고, 회사에서 여러 가지 책임있는 역할을 수행하는 경우가 많아 부담이 과중한 시기이거든요. 그런 점에서 선배는 물론, 후배나 동료들로부터 함께 하고 싶은 사람, 믿을 만한 사람이라는 응원과 지지가 큰 힘이 됩니다.

'잘 하고 있다'는 건 약간
응원 같지만 '잘한다'는
진짜 팩트 같아요.
'너 진짜 잘한다', 그게
훨씬 더 칭찬 같아요.

_20대 중반 미혼 프리랜서

———————————————————— VS. ————

저도 처음에는 제가 하고 있는 것에서 인정받고 싶고, 같이 일하는
사람들에게 좋은 평판 듣고 싶고, 그러다 보니까 승진도 좀 빨리 했
는데 더 빨리 하고 싶고… 이런 식으로 계속 저를 다그치면서 10년
을 막 달렸는데, 지금은 예전보다는 많이 내려놨어요. 그래서 '잘 하
고 있어요. 앞으로도 계속 같이 일했으면 좋겠습니다' 같은 말을 듣
고 싶어요. '너한테 맡기면 마음이 놓여, 믿음이 가' 이런 말이요.

_30대 후반 미혼 직장인

"성과를 어필하는 방법을
알려주세요"

콘텐츠 회사의 실장 A 씨는 최근 조직 내 B 팀장으로부터 "우리 팀의 성과를 어필하는 방법에 대해 알려주세요"라며 면담을 신청하는 메일을 받았다고 합니다. 보통 프로젝트의 방향성을 알려달라거나 '고객사와 마찰이 있는데 해결 방안을 함께 상의해달라'는 업무 요청이 대부분인데, 업무 자체보다는 업무의 성과를 효과적으로 어필하는 방법에 대한 문의라 다소 당황스러웠다고 합니다.

B 팀장이 보내온 메일 내용이 당황스럽고, 심상치 않게 느껴지는 건 당연합니다. 회사의 성과 평가는 어떻게 이뤄지는지, 어떤 방향으로 성과를 내야 연말 고가를 잘 받을 수 있을지 질문한 것일 수도, 다른 한 편으로는 '우리 팀이 이렇게 성과가 좋으니 알아달라'는 일종의 전략으로 보이기도 하니까요. 어떤 쪽이든 한 팀을 꾸리는 중간관리자로서 팀원들이 좋은 고과를 받도록 상사에게 액션을 취한 것임은 틀림없죠. 이런 사례가 일반적이지는 않더라도 단지 좋은 성과를 내는 데 그치지 않고, 그것을 어떻게 드러낼지에 대한 관심이 커지고 있다는 점은 주목할 만합니다.

이와 함께 '커리어 브랜딩'에도 주목할 필요가 있습니다. 이는 경력과 관련된 경험, 기술, 성과 등을 외부로 적극적으로 알리며 나의 커리어 가치를 높이는 행위를 일컫는데, 최근 이에 대한 젊은 직장인들의 관심이 매우 뜨겁거든요. 2024년 9월 잡코리아가 실시한 직장인 대상 설문조사에서 응답자의 약 95.3%가 "커리어 브랜딩이 필요하다"고 대답했답니다.[1] 이들은 '자기 PR'을 실제 업무 성과만큼이나 중요하게 생각하는데요. 노션이나 블로그 등을 활용해 내가 한 일을 잘 정리하는 것은 기본입니다. 인스타그램 같은 SNS가 포트폴리오 역할을 하기도 하고요. 회사에서 실시하는 성과 공유회에 참석하며 동료와 상사에게 나의 성과를 적극적으로 어필하는 경우도 있습니다. 회사 외부에서 열리는 각종 세미나에 연사로 참석하며 나를 홍보하고 새로운 기회를 탐색하기도 하고요.

　이 조사에서 더 흥미로운 점은 나이가 어릴수록 커리어 브랜딩에 대한 니즈가 크다는 사실입니다. 20대 직장인들 중 약 97.7%가, 30대 직장인 중 96.3%가, 40대 이상 직장인 중에서는 90.0%가 "'커리어 브랜딩'이 필요하다"고 응답했습니다. 그 이유에도 연령별로 차이가 있습니다. 20대 직장인들은 "이직 시 포트폴리오를 만들기 위해서(71.9%)"가 가장 주요한 이유였던 반면, 30대와 40대 사이에서는 스스로의 "성장을 기록하기 위한 목적(30대 57.8%, 40대 이상 55.6%)"이 가장 컸습니다.

　자기 PR을 중시하는 이러한 경향은 개인 성과를 중시

Q. 커리어 브랜딩을 하는 목적은 무엇인가요?

이직 시 포트폴리오 마련을 위해서(59.9%)

스스로의 성장을 기록하기 위해서(55.8%)

날 모르는 사람들에게 나 자신을 어필하기 위해서(27.6%)

전문가로 인정받기 위해서(18.9%)

N잡 또는 투잡에 이용하기 위해서(15.9%)

* 남녀 직장인 494명 대상. ⓒ 잡코리아×눅nooc

하는 미국의 직장 문화가 한국에 전파된 결과로 볼 수 있습니다. 그동안 한국 기업들은 조직의 성과를 위해 개인의 인내를 요구했죠. 반면, 2030세대는 개인의 막연한 희생에 반발합니다. 더불어 2030 여성 직장인에게 커리어 브랜딩은 더욱 절실한데요. 경력단절에 대한 불안감에서 완전히 자유롭기 어렵기 때문입니다. 언젠가 회사를 나가야 할 일이 생길지도 모르는데, 이후 다시 사회로 복귀하기 위해서는 '○○ 회사 재직'이라는 경력에서 한 걸음 더 나아가 나만의 역량을 증명해줄 수 있는 '커리어 브랜드'가 반드시 필요하죠. 물론 이러한 노력에 대한 우려의 시선도 존재합니다.

커리어

이들이 말하는 자기 PR이란, 잘하는 것만 드러내고 못하는 것은 감추는 것 같아요. 사실 우리나라는 원래 겸손의 문화가 주라서 잘하는 걸 드러내는 게 낯설었죠. 하지만 요즘 직장인들은 자기 것을 포장하기 시작했어요. '좋아요' 받기가 너무 쉬워져서 그런 걸까요? 아주 사소한 것에도 '좋아요'를 주고받습니다. 그래서 리더로부터 '좋아요'가 들어오지 않으면 스트레스를 받기 시작하는 거죠. 이런 자기 PR의 문제점은, 실패할 만한 것에는 도전하지 않는다는 점이에요. 잘할 수 있는 것에만 도전한다는 거죠. 넘어져도 보고 지쳐도 보고, 시험도 망쳐봐야 성장하는데 너무 곱게 자라서 그런지, 이런 비판에 익숙하지가 않아요. _리더십코칭 전문가

유리천장보다 어려운
사내 인간관계

지금까지 여성이 사회생활을 하는 데 있어 가장 뜨겁게 논의되어온 주제는 '유리천장'이었습니다. 유리천장이란 특정 소수자 그룹, 특히 여성이 조직 내에서 더 높은 직위나 권한을 가지는 것을 막는 보이지 않는 장벽을 뜻하죠. 겉으로는 차별이 없는 것처럼 보이지만 실제로는 소수자들의 승진 등이 제한되는 현실을 반영한 말이었습니다. 하지만 최근 직장인들을 대상으로 진행한 설문조사 결과에서는 다소 의외

Q. 여성이라는 이유로 회사에서 부당한 대우를 받은 적이 있나요?

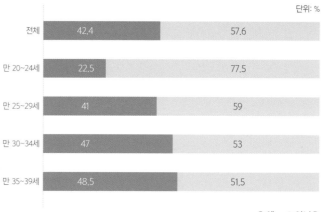

단위: %

	예	아니요
전체	42.4	57.6
만 20~24세	22.5	77.5
만 25~29세	41	59
만 30~34세	47	53
만 35~39세	48.5	51.5

● 예 ● 아니요
ⓒ 소비트렌드분석센터

의 결과가 도출됐어요. 전체 응답자 중 57.6%가 "여성이란
이유로 회사에서 부당한 대우를 받은 적이 없다"고 응답했
거든요. 이 역시 나이대별로 응답에 약간의 차이를 보이는
데, 사회초년생인 20대에서 "차별받은 경험이 없다"는 응답
이 가장 높았고, 30대와 40대로 나이가 올라갈수록 "부당한
대우를 받은 경험이 있다"는 응답률이 미세하게 증가했습니
다. 사회초년생인 20대는 아직까지 직장 내 차별을 느끼지
못하지만, 30대부터는 여성으로서 입지가 점점 줄어든다는
사실을 체감하며, 특히 고위직으로 승진을 해야 하는 40대
후반 즈음에는 그러한 차별을 가장 크게 느낀다고 해석할

Q. 현재 사회생활과 관련해 가장 스트레스받는 일을 순서대로 두 가지 골라주세요.

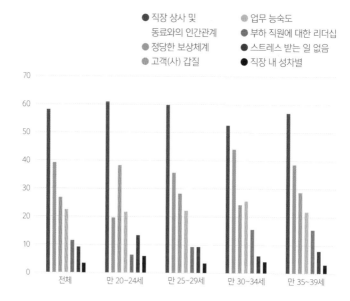

© 소비트렌드분석센터

수 있습니다.

　이보다 더 흥미로운 점은 2030 여성 직장인은 '여성'이라서 받는 차별보다 오히려 '어려서' 받는 차별을 더욱 크게 인식한다는 사실입니다. 인터뷰를 통해 20대 여성들은 직장에서 경험하는 인간관계 중 가장 어려운 점으로 "선배들이 본인을 질투하는 것"이라고 토로했습니다. 연차순이 아닌 업무 역량으로 본인을 평가받고 싶은 20대들이, 선배들이 자신을 은근히 질투해서 나의 능력을 인정해주지 않는다고 속마음을 밝힌 것이죠.

　30대들은 오히려 요즘 20대 후배들이 본인의 실력을 객관적으로 인식하지 못한다고 말합니다. 어렵고 힘든 업무를 해야 할 때 이 일을 왜 해야 하는지 설득부터 해야 해서, 때론 그들의 과도한 개인주의 때문에 힘들다고 토로합니다. 그러면서도 본인의 의견을 솔직하게 피력하는 젊은 후배들이 부럽다는 의견도 있어요. '요즘 친구들이 똑똑하게 잘 쳐내는 건가?' 혹은 '회사에서 하라는 대로 하는 나는 바보인가?' 하는 회의감도 든다는 거죠.

　이처럼 20대와 30대 사이에서도 각자 맡은 역할에 따라 차이점이 있습니다. 이는 설문조사 결과에서도 나타나는데, '정당한 보상체계' 관련 고민은 나이가 들수록 커지고, '업무 능숙도'와 관련된 고민은 나이가 들수록 낮아집니다. 신입 사원에서 벗어나는 30대 초반에는 '부하 직원에 대한 리더십'에 대한 고민이 모든 연령대 중 가장 높았고요. 이에 비해 '직장 내 성차별' 문제는 다른 문제에 비해 거의 두드러지지 않았습니다. 전 연령대의 여성들이 사회생활 관련해 가장 스트레스를 많이 받는 문제는 유리천장보다는 '직장 상사 및 동료와의 인간관계'입니다. 좀 더 정확히 말하면 개인의 성과와 주변의 인정, 조직의 균형을 둘러싼 인간관계에 대한 이야기입니다.

제가 나중에 상사가 된다면, 후배가 잘해도 시기
질투하는 상사가 아닌, 후배여도 멋있다고 인정
해주는 상사가 되겠어요.

_ 20대 중반 미혼 직장인

— VS. —

요즘 친구들은 자기가 다 되게 잘하는 줄 알아요.
아직 실력이 부족한 걸 인정하지 않고, 나는 너무
잘하는데 단지 상사가 질투를 하거나 내 실력을
인정하지 않는 거라 생각하는 것 같아요.

_30대 후반 미혼 직장인

이 친구들이 똘똘한 거죠. 자기가 무슨 일을 하는
지 모르고 업무를 하는 것보다는 이해를 하고 업
무를 하는 게 좋은데, 그것을 A부터 Z까지 이해
하려고 하는 게 저와는 달라요. 저는 A도 이해하
려고 하지 않았거든요. '회사가 생각이 있겠지'
라는 생각으로 업무를 했어요. 반면 이 친구들은
A부터 Z까지 자기 논리가 있어야 하고 납득돼야
업무를 진행해요. 그런 성향이 사회생활 전반적
으로 이어지는 것 같아요. 이게 논리가 맞으면 하
고 아니면 안 하고 그냥 집에 가고.

_30대 초반 미혼 직장인

잔소리와
피드백의 차이점은?

40대 여성이자 한 콘텐츠 회사의 A 부장은 중요한 프로젝트를 담당하고 있는 팀에게 그동안의 진행사항을 보고받고 피드백을 주었습니다. 늘 하는 일 중 하나였지만 그날은 부하 직원 B로부터 다소 당황스러운 메일을 받았다고요. '부장님이 주신 피드백은 프로젝트에 대한 피드백인데, 발표자였던 B 본인에 대해 줄 만한 피드백은 없는지' 묻는 아주 공손한 내용이었습니다. 칭찬을 해달라는 것은 아니고, 오히려 개선할 만한 점을 지적해준다면 열심히 발전하겠다는 태도가 인상적이면서도, 팀 구성원으로서가 아닌 개인에 대한 피드백을 필요로 한다는 점이 다소 낯설게 느껴졌다고요.

인터뷰와 집단면접을 통해 들은 이야기에서도 이와 유사한 패턴이 발견됩니다. 회사에서 연차가 낮은 20대 여성들이 상사에 대해 가진 불만 중 하나는 "피드백이 적다"는 점입니다. 당황스럽게도 그들의 사수 격에 해당하는 나이대인 30대 여성들은 "후배 직원들에게 피드백을 충분히 주고 있다"고 응답했습니다. 이 두 집단 사이의 의견이 이토록 다른 이유는 무엇일까요? '듣고 싶은 피드백'과 '하고 싶은 피드백'이 서로 다르기 때문입니다. 20대 후배들은 내가 어떤 능력을 가진 사람인지, 무엇을 잘하고 못하는지 등 '나'에 대한 피드백을 듣길 원합니다. 반면 30대 사수들은 '업무'에 대한 피드백을 주려 하고요. 지금 당장 처리해야 하는 업무 피드백을 하기도 바쁜데, 개인적인 피드백을 할 만한 여유가 없기 때문이겠죠.

'일은 곧 나의 정체성'이라는 관점하에서는 이상적인 리더의 정의도 변합니다. 그들에게 리더는 더 이상 '팀을 이끌며 성과를 내는 사람, 업무를 분배하고 구성원을 평가하는 사람'이 아닙니다.

> 달라진 조직 문화 속에서 리더의 역할은 내가 성장하고 성공하도록 도와주는 지원자, 즉 '스폰서'로서의 역할이 강해졌어요. 예전에는 리더가 팀의 성공을 위해 나에게 일을 주고 평가하는 사람이었는데 이제는 스폰서가 맞습니다. 내가 힘들어하면 가르쳐주고, 인사이동 철에는 팀원의 PR을 대신해주는 사람이 필요한 거죠.
>
> _ 리더십코칭 전문가

이런 변화에 리더들은 당황스러울 따름입니다. 인터뷰에 응한 한 팀장은, 요즘 부하 직원들과 상담하다 보면 '일기장에 쓰거나 엄마한테나 할 법한 이야기를 왜 나한테 하지?' 하는 순간이 있다고 말합니다. 처음에는 '내가 이 사람에게 너무 편한가?'란 의문도 들었지만, 이내 이런 사적인 상담을 하고 의견을 구하는 것이 요즘 세대의 특징이라는 사실을 깨달았다고요.

피드백을 긍정적으로 받아들이는 변화는 빅데이터 분석 결과에서도 확인할 수 있습니다. '업무 피드백'이라는 단어에 대해 사람들이 어떤 감정을 갖는지 살펴보면, 긍정률(46.1%)이 부정률(38.9%)보다 다소 높게 나타납니다. '개선, 발전, 변화' 등이 '업무 피드백'의 연관어로 등장해, 사람들이 피드백을 본인의 발전과 개선의 기회로 받아들인다는 사실을 알 수 있습니다.

다만 개인적 성장을 위한 피드백과 잔소리는 엄연히 다르다는 점을 명심해야 합니다. 이를 완벽하게 구분하는 것은 쉽지 않지만, 몇 가지 차이점은 있어요. 우선 물어보지도

'업무 피드백' 관련 연관어 & 감성어 분석

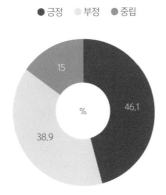

● 긍정 ● 부정 ● 중립

	긍정어	언급량	부정어	언급량
1	좋다	95	안되다	38
2	안정	72	죽다	35
3	만족	57	힘들다	22
4	성공	53	억울	21
5	빠르다	52	문제다	21
6	신속	52	심각	19
7	향상	45	자살	18
8	기대	44	나쁘다	15
9	성장	41	갑질	15
10	원활하다	37	폭력	14

* 2024년 1~10월, 뉴스·유튜브·커뮤니티·카페·블로그·X(트위터) 채널 분석.
ⓒ 코난테크놀로지

커리어

않았는데 처음부터 끝까지 모든 걸 말해주는 것은 '잔소리'에 가깝습니다. 내가 경험해 답을 알고 있다고 생각해도, 빨간펜 선생님처럼 일일이 고쳐주기보다는 본인 스스로 답을 찾도록 돕는 것이 피드백이고요. 가장 중요한 점은 '나와 다르다고 해서, 상대방이 틀렸다고 생각하지 않는 태도'입니다. 나이가 어린 후배라도 나보다 안목이 더 뛰어난 부분이 있다는 점을 인정하는 것이야말로 잔소리와 피드백을 구분하는 중요한 기준입니다.[2]

"남을 책임지는 일은 하고 싶지 않아요"

잔소리와 피드백의 차이점도 구분해야 하는 등 점점 더 직장생활이 어려워지는 것 같죠? 그래서 젊은 직원들 사이에서 중간 관리자 역할을 기피하는 현상인 '의도적 언보싱 Conscious Unbossing'이 요즘 화두라고 합니다. 글로벌 채용 컨설팅 기업 로버트월터스에서 영국 Z세대를 중심으로 승진 관련 조사를 실시한 결과, 응답자의 52%가 중간 관리직을 원치 않는다고요. 특히 이 중 69%는 중간 관리자에 대해 '스트레스는 높지만 보상은 낮다'는 인식을 갖고 있었습니다.

국내에도 유사한 현상이 나타납니다. 2023년 잡코리아

Q. 임원 승진을 희망하지 않는
이유는 무엇인가요?

1. 책임져야 하는 위치가 부담스러워서
43.6%
2. 임원 승진이 현실적으로 어려울 것 같아서
20%
3. 임원은 워라밸이 불가능할 것 같아서
13.3%

*MZ세대 남녀 직장인 1,114명 대상. ⓒ 잡코리아

가 MZ세대 직장인 1,114명을 대상으로 실시한 설문조사에
서도 약 54.8%가 "임원 승진 생각 없다"고 응답했으며, 승
진을 원하지 않는 이유로는 "책임을 져야 하는 위치가 부담
스럽다"는 응답이 전체의 43.6%를 차지했습니다.[3] 이런 변
화에 대해 업계에서는 요즘 Z세대는 프로젝트에 온전히 집
중하는 편을 더 선호하기 때문이라 해석합니다.

　나아가 우리나라에서는 세대적 경험도 한몫합니다. 자
전거 타는 법, 줄넘기 하는 법을 학원에서 배우고, 입시 전
문가에게 상담을 받아 대학과 전공을 결정하며 자라온 요즘

커리어

세대에게 가장 어려운 일은 바로 '선택하는 일'입니다. 선택에는 반드시 책임이 뒤따르죠. 요즘 젊은 직장인들이 중간 관리자가 되길 꺼리는 이유도 리더가 구성원을 대신해 의사결정도 내려주고, 책임도 져야 하기 때문입니다.

> 생각해보면 대학교 졸업할 때까지 2030세대가 스스로 선택한 것이 많지 않죠. 그래서 선택지가 많을수록 혼란스러워지는 것 같아요. 사실 선택을 안 하면 책임도 안 져도 되는 거니까. 그래서 리더가 힘들어지고 리더 포비아가 생긴 겁니다. 갈등이 있을 때 팀원인 자신이 직접 해결하기보다 리더가 대신 판단을 내려주길 원합니다.
>
> _ 리더십코칭 전문가

선택 경험이 부족한 세대들이 의사결정조차도 타인에게 대리하는 것이죠. 2030세대 직장인들은 회사가 각종 '가이드라인'을 정교하게 만들어주길 원하는데요. 그 이유도 책임에 대한 부담감을 낮추기 위해서라고 해석할 수 있습니다. '업무를 할 때 반드시 2명 이상에게 의견을 물어본다'는 규칙을 가진 회사도 있고요. 혹은 회의 시간에 '옳다, 그르다'와 같은 가치 판단보다는 무조건 '좋아, 그런데 대신 이런 건 어때?(= Yes, and?)'로만 대답하는 규칙을 정하기도 합니다. 규칙을 정해놓아야 의견이 다른 구성원들도 회사가 추구하는 방향으로 함께 움직일 수 있기 때문이라고요.

"회사가 아닌 밖에서
인정 욕구를 충족해요"

2030 여성들은 회사 내에서 맺는 인간관계에 대해 남성이나 다른 연령대의 여성보다 더 큰 부담감을 느낍니다. 한화손보 펨테크연구소 리포트 '2030 여성의 멘탈 건강'에 따르면, 2030 여성은 다른 나이대의 여성 및 남성들에 비해 자괴감, 부담감, 책임감을 상대적으로 많이 언급하는 것으로 나타났습니다. 특히 자괴감의 언급 순위를 보면 2030 여성은 세 번째인 반면, 전 연령대 여성과 남성의 경우는 9위, 11위로 순위가 크게 떨어지는 것을 알 수 있습니다.

아이러니한 건 직장 내 인간관계의 어려움을 토로하면서도, 동료들과 친밀한 관계를 맺는 것에 대해서 별로 관심이 없다는 점입니다. 회사에서 동료로 지낼 뿐, 퇴근 후 혹은 퇴사 후에 인간관계를 이어갈 생각이 없다고요.

동료들과 관계 맺는 것 자체를 싫어한다고 해야 할까요? 개인화가 심해지고, 불필요한 인간관계에 에너지를 쏟을 필요성을 느끼지 않습니다. 집단 인간관계보다는 일대일 접근을 더 편하게 생각하고, 사실 그마저도 '굳이 해야 하나?'라고 생각합니다. 물론 이건 2030세대 전체의 특징이긴 하나 그중에도 여성들이 더 심하다고 볼 수 있어요. _리더십코칭 전문가

2030 여성 vs. 전 연령대 여성 vs. 남성 '○○'감 언급 순위

2030 여성			전 연령대 여성			남성		
1 자존감	4,061	16.4%	1 자존감	93,001	17.8%	1 자존감	22,498	15.5%
2 자신감	3,214	13.0%	2 자신감	66,673	12.8%	2 자신감	20,837	14.4%
3 자괴감	2,917	11.8%	3 죄책감	42,291	8.1%	3 열등감	9,588	6.6%
4 책임감	1,881	7.6%	4 열등감	32,994	6.3%	4 기대감	8,923	6.2%
5 죄책감	1,440	5.8%	5 안정감	31,087	6.0%	5 죄책감	8,679	6.0%
6 불안감	1,389	5.6%	6 거부감	30,780	5.9%	6 불안감	7,481	5.2%
7 부담감	1,104	4.5%	7 책임감	28,709	5.5%	7 존재감	7,406	5.1%
8 거부감	1,089	4.4%	8 기대감	28,583	5.5%	8 거부감	7,274	5.0%
9 안정감	1,013	4.1%	9 자괴감	21,158	4.1%	9 책임감	6,923	4.8%
10 기대감	1,012	4.1%	10 불안감	19,658	3.8%	10 안정감	6,809	4.7%
11 회의감	846	3.4%	11 존재감	17,257	3.3%	11 자괴감	5,685	3.9%
12 우울감	713	2.9%	12 배신감	17,041	3.3%	12 만족감	4,698	3.2%
13 성취감	711	2.9%	13 긴장감	16,815	3.2%	13 긴장감	4,623	3.2%
14 열등감	613	2.5%	14 우울감	16,071	3.1%	14 피로감	4,179	2.9%
15 만족감	566	2.3%	15 부담감	15,901	3.0%	15 부담감	4,077	2.8%

© 한화손보 펨테크연구소 리포트

그렇다면 이들은 어디에서 인간관계에 대한 니즈를 충족할까요? 이들이 고민을 토로하고 능력을 인정받고자 하는 집단은 회사 밖에 있습니다. 회사가 아닌 집단에서 나와 동질적인 그룹을 찾아 나서는 것이죠. 회사 외부에서 만드는 관계를 주로 '약한 연대Weak Tie'라 부르는데요. 사적으로 연락하며 인간관계를 유지해야 하는 부담은 없으면서도, 직무 관련 도움을 주고받을 수 있어 편리하다고 느낀답니다.

일례로, 패션·라이프스타일 매거진 〈엘르〉는 매주 화요일에 여성 에세이 뉴스레터 '엘르보이스'를 발행하고 있습니다. '여성의 삶, 레퍼런스가 필요할 때'라는 슬로건하에 작가, 팟캐스터, 아나운서, 싱어송라이터 등 다양한 직군에 종사하는 여성들이 쓴 에세이를 선보입니다. 이 뉴스레터의 구독자들은 '메아리'라고 불리는데요. '메아리의 의견 남기기' 링크를 통해 뉴스레터 리뷰를 남기거나 에세이를 읽고 떠오른 메아리 자신의 이야기를 남기기도 합니다. 이러한 감상은 다음 뉴스레터와 엘르보이스 홈페이지에 공유되면서 심리적인 응원과 연대로 이어집니다.

연대를 지원하는 스타트업도 인기입니다. 워크어스 WORKUS라는 플랫폼은 2030을 비롯 40대까지 포함해 좀 더 세분화된 커리어 해결책을 안내합니다. 개인화, 개별 관리, 프로젝트 매칭이 강점이라는 이 플랫폼은 취업뿐만 아니라 창업, 커리어 설계로까지 확장합니다. 이 외에도 여성 창업

2030 여성의 자괴감 vs. 책임감 vs. 부담감 연관어 네트워크

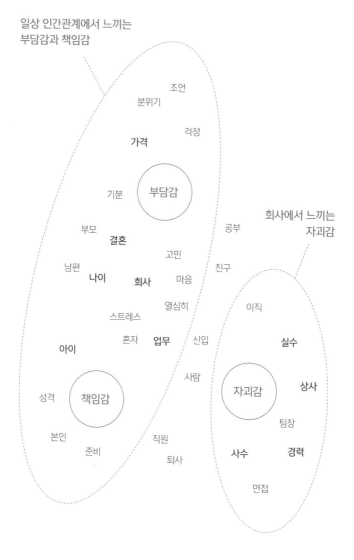

일상 인간관계에서 느끼는
부담감과 책임감

회사에서 느끼는
자괴감

조언
분위기
걱정
가격

기분 **부담감**

부모 공부
결혼
고민
남편 친구
나이 **회사** 마음
열심히
스트레스
이직
혼자 **업무** 신입 **실수**
아이 사람 **상사**
자괴감
성격 **책임감** 팀장
본인 **사수** **경력**
준비 직원
퇴사
면접

ⓒ 한화손보 펨테크연구소 리포트

가, 이공계 재직자, 스타트업 종사자처럼 특종 직업군을 한데 모으는 행사도 종종 마련됩니다. 각 개인의 정체성, 즉 개성이 뚜렷하고 때로는 경쟁 관계일 이들이 또 하나의 집단이자 모임을 찾는다는 게 단번에 이해되지 않기도 합니다. 하지만 그것이 바로 약한 연대의 특징이자 개성과 조직을 지키는 방법인 것 같기도 합니다.

> 사회나 조직의 문화는 바뀌지 않고 있고, 또 작은 회사라고 문화가 반드시 좋은 것은 아니에요. 요즘 사람들은 거기서 충족되지 않는 니즈를 외부 커뮤니티, 즉 동질 집단에서 찾는 것 같아요. 동질 집단에서는 상황이 비슷하니 지지와 응원이 더 쉽게 일어나지요.
>
> _마음성장 플랫폼 대표

회사 밖의 미래, 어떻게 준비하고 있을까?

회사 생활 3년, 6년, 9년차에 위기가 온다는 속설이 있습니다. 어느 정도 업무에 익숙할 즈음 반복되는 조직 생활에 권태로움을 느끼기 시작하는 것이죠. '직춘기'라는 신조어도 생겼습니다. 이는 '직장인의 사춘기'를 의미하는 단어로, 업무 권태감, 동기부여 부족, 미래에 대한 불안감 등을 포괄합

커리어

니다. 엠브레인이 2024년 10월 발표한 직장인 직춘기 관련 인식 조사에 따르면, 직장인 10명 중 3명(32.8%)은 현재 직춘기를 경험하고 있다고 응답했습니다. 특히 "성과 대비 보상이 만족스럽지 않을 때(45.7%, 중복응답)", "반복되고 의미 없는 업무에 회의감을 느낄 때(42.4%)", "일에 대한 의미를 느낄 수 없을 때(36.6%)" 직춘기를 경험한다고 응답했어요.[4] 2030 여성들도 그럴까요? 언제, 왜 직춘기를 느낄까요? 그리고 직춘기를 어떻게 받아들이고 있을까요?

소비트렌드분석센터의 인터뷰에 따르면 2030 여성들은 회사 생활에서 '해야 할 일은 너무 많은데, 그 일이 나를 위한 일이 아니라고 느낄 때' 복잡한 감정을 느낀답니다. 회사에서 월급을 받으며 사는 삶에 만족은 하지만 회사의 성과가 곧 나의 성과가 아니라는 점에서, 내가 그저 회사의 부품으로 느껴질 때 회사 생활에 회의감을 느끼는 것이죠.

연령별로 직업에 대해 고민하는 포인트도 달랐습니다. 인터뷰에서 20대는 '이렇게 고생하는데 그 일이 나를 위한 것이 아니라고 느껴질 때' 회의감을 느끼는 반면, 30대 초반 대다수는 '롤모델 삼을 만한 선배를 직장에서 찾을 수 없을 때'라고 답했습니다. 한 회사에서 경력이 점차 쌓이며 이직하기엔 다소 몸값이 높아지는 시기인 30대 후반은 '남들이 내가 이 회사를 그만두지 못할 것이라고 생각할 때' 회사에 대한 회의감이 든다고 응답했습니다.

회사에서 할 수 있는 경험은 한정적인 것 같아요. 물론 제가 아직 책임을 지는 자리에 가지 않아서일 수도 있는데, 특히 대기업에선 제너럴리스트를 뽑아서 회사가 필요할 때 사용하는 일종의 '말'이 되는 느낌이에요. 갑자기 '너 부산에 가서 영업 지원해'라고 하면 영업을 하게 되고, '마케팅 해'라고 하면 마케팅부에 가서 일하는 그런 느낌이에요.

_20대 여성 직장인이자 경제 분야 인플루언서

제가 만약 여기를 계속 다닌다면 옆에 팀장님이 제 미래의 모습이잖아요. 그런데 그 모습이 별로 멋있어 보이지 않는 거예요. 그리고 제가 원하는 모습도 아니고요. 제가 하고 싶은 일과는 거리가 먼 일을 하고 있는 것 같을 때 현타가 오죠.

_30대 중반 미혼 직장인

전문가들은 이들이 직장에서 느끼는 이런 회의감을 극복하기 위해서는 '주체적인 방향 설정'을 할 수 있도록 지원하는 것이 중요하다고 조언합니다. 앞서 20대 여성으로서 의견을 피력한 직장인이자 경제 분야의 인플루언서로 활동하고 있는 한 전문가는 "다른 사람들의 가이드라인을 아무런 생각 없이 따르기보다는 스스로 선택하고 결정할 때, 일에서 의미를 찾을 수 있다"고 설명합니다.

> 제가 지금 다니는 이 회사를 오게 된 것도 저만의 기준이 있었기 때문은 아니었어요. 막연하게 다이내믹한 곳에 가고 싶다고 생각했는데, 어머니께서 '회사는 돈 많이 주는 게 최고다'라고 말씀하셔서 온 거죠. 지금 보니 틀린 말은 딱히 아니지만, 또 어떻게 보면 부끄러운 일이기도 합니다. 제가 주체적으로 결정하지 않았기 때문이죠. 그다음부터 진짜 독립적으로 재미있게 살겠다고 생각했고, 지금까지 계속 그렇게 지내고 있어요.   _경제 분야 인플루언서

회사의 일이 나의 일이 아니라고 느끼는 2030세대에게, 직장인 멘토 '최인아책방' 대표는 한 인터뷰를 통해 이렇게 조언합니다.[5]

> 회사에 다니는 동안, 회사를 위한 일을 해주는 것이 아닌, 내 일을 하는 것이라 생각해야 합니다. 우리에게 가장 희귀한 자원인 '시간'을

들여 한 조직에서 일하고 있다면, 그곳에서 '나는 충분히 그 일을 경험하고 있는가'를 항상 생각해야 합니다. _최인아

흔히 '회사 일을 열심히 하는 것은 남 좋은 일'이라고 여기는 것과는 완전히 반대되는 생각이죠. '경험'이 중요하다면 회사 안에서 겪는 다양한 경험의 가치도 무시해선 안 되고, 오히려 그 경험의 가치를 극대화할 수 있어야 한다는 인생 선배의 따뜻한 조언으로 느껴집니다.

"적어도 3년은 다녀야지" vs. "한 회사를 3년이나 다녔어?"

가구회사에 다니는 30대 후반의 A 차장을 그룹 인터뷰에서 만났습니다. 요즘 신입사원들과 대화를 하다가 가끔 뜨끔하는 순간이 있다고 털어놓았는데요. 바로 "차장님은 이 회사 몇 년 차세요?"란 질문을 들을 때라고 합니다. 본인이 신입일 때만 하더라도 한 회사를 오래 다니는 것이 존경의 대상 정도는 되었는데, 최근 이직이 흔해지면서 한 회사를 오래 다니고 있는 자신이 행여라도 후배들에게 '능력 없는 사람'처럼 보이지는 않을까 염려되기 때문이라고요.

실제로도 한 회사를 오래 다닌 사람을 능력 없는 사람

이라고 생각할까요? 대답은 '그렇지 않다'입니다. "한 직장에서 10년 이상 재직한 사람을 보면 어떤 생각이 드나요?"란 질문에 응답자 대부분이 "성실하다", "인내심 있다", "베테랑일 것 같다" 등 긍정적으로 평가했어요. 반면, "안주하는 것 같다"거나 "능력이 없을 것 같다"는 응답은 전체 응답 중 6%도 채 되지 않았고요. 다만 이직을 가장 많이 고민하는 나이대인 35~39세에서는 다른 집단에 비해 "안주하는 것 같다(8.5%)"는 대답이 미세하게 높았습니다. 한 마디로 요약하면, 한 회사를 오래 다녔든 혹은 짧게 다녔든 요즘 사람들은 그 사실에 별로 관심이 없다고 볼 수 있는 셈이죠. 중요한 것은 회사와 내가 얼마나 '핏fit'이 잘 맞느냐는 점입니다. 서로 핏이 잘 맞다면 오래 다니는 것이고, 그렇지 않으면 새로운 직장을 탐색하면 됩니다. '한 직장을 최소 3년은 다녀야 한다'거나 혹은 '한 회사를 그렇게 오래 다니다니'처럼 직장에 근무하는 기간에 대한 고정관념이 사라지고 있는 것이죠.

이러한 인식 변화도 놀랍지만, 더 놀라운 변화는 이에 대처하는 기업의 변화입니다. 기업 역시 자주 이직한 경력이 있는 직원을 예전처럼 '인내심 없는 사람'으로 단정하지 않습니다. 오히려 퇴사한 회사와 이직한 직원 사이에 어떤 점이 맞지 않았는지를 확인하려 합니다. 이러한 변화는 젊은 퇴사자 수가 과거에 비해 증가했기 때문으로 볼 수 있는

Q. 한 직장에서 10년 이상 재직한 사람을 보면 어떤 생각이 드나요?

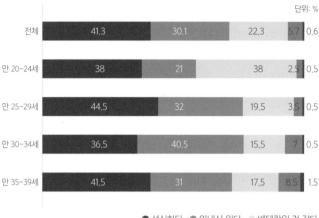

단위: %

	성실하다	인내심 있다	베테랑일 것 같다	안주하는 것 같다	능력이 없을 것 같다
전체	41.3	30.1	22.3	5.7	0.6
만 20~24세	38	21	38	2.5	0.5
만 25~29세	44.5	32	19.5	3.5	0.5
만 30~34세	36.5	40.5	15.5	7	0.5
만 35~39세	41.5	31	17.5	8.5	1.5

● 성실하다 ● 인내심 있다 ● 베테랑일 것 같다
● 안주하는 것 같다 ● 능력이 없을 것 같다

ⓒ 소비트렌드분석센터

데요. 고용노동부와 한국고용정보원이 발표한 2023년 하반기 기업 채용동향조사에 따르면, 연간 신규 입사자 중 평균 16.1%가 1년 내 퇴사하며, 퇴사자 중에서도 신입(57.2%) 비중이 경력직(42.8%)에 비해 높게 나타났습니다.[6]

예전에는 한 회사에서 3년을 다니지 않으면, 그 사람은 회사에 적응하지 못하는 이상한 인재라 평가했어요. 하지만 이제는 실력만 있으면 괜찮게 생각해요. 오히려 3년 안에 이직한 경험이 있다고 하면, '도대체 어떤 회사길래 직원들이 빨리 그만두지? 그 회사가 이상한가?'라고 먼저 생각하게 됩니다. 오히려 무슨 이유 때문에 퇴사했는

퇴사가 흔해지는 분위기 속에서, 회사도 평생 다닐 직원을 찾지 않습니다. 오히려 직원들이 우리 회사에 근무하는 동안 얼마나 업무를 잘 수행할지에 더 초점을 맞춥니다. 기업의 이런 변화를 극단적으로 보여주는 사례가 바로 기업이 직접 진행하는 '퇴사자 코칭 프로그램'입니다. 어느 급식 회사는 퇴사 희망자를 대상으로 퇴사를 막기 위한 설득이 아닌, 이직 희망 회사에 합격할 수 있도록 지원하는 코칭을 진행하고 있습니다. 파타고니아 같은 글로벌 회사에서는 이미 실시하고 있는 제도예요. 회사를 떠날 사람을 돕는다는 게 얼핏 보면 이해되지 않지만 어차피 마음이 떠난 직원을 설득해봤자 열심히 일하게 만들기는 어렵죠. 오히려 자신의 적성을 찾아갈 수 있도록 응원하는 편이 재직 시 분명한 목표를 갖고 일에 몰두할 수 있게 하기도 합니다. 그 목표가 설령 이직이라 할지라도요.

한 회사에서 근무한 기간이 의미가 없어지고, 지금 회사를 그저 'N번째 직장' 정도로 생각하는 경향이 강해지면서 등장하는 변화도 있습니다. '평판 관리'가 그 어느 때보다도 중요해지고 있다는 점인데요. 객관적인 기준으로 직원을 선발하는 공개 채용와 달리, 경력직 채용에서는 레퍼런스

체크(평판 조회)가 필수입니다. 과거에는 기업들이 지원자의 평판을 조용히, 은밀하게 진행했다면 요즘은 대놓고 진행합니다. 2020년에 설립된 '스펙터'는 이런 평판 조회를 음지에서 양지로 끌어올린 서비스입니다.[7] 가령 어느 기업이 지원자의 평판 조회를 요청하면 스펙터는 해당 지원자의 동의하에 전 상사 또는 예전 동료에게 정식으로 평판을 요청합니다. 다만 지원자가 평판 작성자를 직접 선정한다는 점이 특이해요. 또 평판 분석 결과물을 지원자가 확인할 수 있고, 지원자가 동의하는 경우에만 채용 기업에게 공유됩니다. 이런 평판 조회 서비스가 활성화되면서, 이제 사람들은 더 이상 회사에서 근무한 기간으로 실력을 증명할 필요가 없게 되죠.

이런 분위기 속에서 입사를 관리하는 과정인 온보딩 On-boarding이 아닌, 퇴사 과정을 관리하는 오프보딩 Off-boarding을 지원하는 스타트업도 등장하고 있습니다. HR 스타트업 캔디데이트는 2024년 10월, 국내 최초로 오프보딩 서비스를 출시했습니다. 퇴사자에게는 사직서 제출, 퇴직연금 신청, 잔여 연차 확인 등을 안내하는 '퇴사 체크리스트'를 제공하고요. 직원을 떠나보내는 기업에게는 체크리스트 절차 진행 진도율을 제공해 편의성을 높입니다. 떠나는 사람을 잘 떠나보내면서도 남아있는 직원들이 업무 분위기를 잘 유지할 수 있도록 지원하는 것이죠.[8]

커리어

"항상
불안해요"

직장을 다니고, 성과를 내고, 더 나은 회사로 이직하고, 연봉을 높여가도 해소되지 않는 감정이 있습니다. 바로 불안감입니다. 사회초년생인 20대 후반은 '회사 안에서 내가 발전하고 있나? 이 길이 내 길이 맞나?' 하는 의구심을 느낍니다. 끊임없이 변화할 것을 요구하는 사회 분위기 속에서 늘 성장해야 한다는 압박감에 시달리고요.

회사에서 어느 정도 주요 역할을 담당하기 시작하는 30대가 되면 '내가 이 일을 언제까지 지속할 수 있을까?' 하는 불안감을 토로합니다. 심지어 30대 초반은 아직 회사에서 권고사직 대상이 아님에도 불구하고, 회사를 그만두고 난 후의 미래를 끊임없이 염려하고요. 최근 '생성형 AI'가 등장하면서 나의 일이 AI로 대체될지 모른다는 불안감도 있습니다. 유사한 맥락으로 향후 유능한 후배가 들어와 나를 대체할지도 모른다는 불안감도 크게 느낍니다.

커리어에 대한 불안감은 결혼한다고 해서 사라지지 않습니다. 기혼 여성은 가족계획도 고려해야 하기 때문에 오히려 고민이 더욱 커지죠. 이직을 고민할 때도 출산계획 등을 염두에 두어야 하기 때문에 오직 직장생활만을 최우선으로 두고 커리어를 설계하기 어렵죠. 이런 불안감과 더불어

회사 안에서 도태되고 있다는 불안감을 느낄 때가 있어요. 저는 이제 열심히 하려고 하는데 일 자체는 크게 변하지 않잖아요. 또 회사 자체의 성장이 멈추기 시작하면 제가 할 수 있는 게 많이 없잖아요. 그럴 땐 많이 불안하죠.   _20대 중반 미혼 프리랜서

제가 사무직 책상 앞에서 일할 수 있는 시간이 '앞으로 10년은 남았을까'라는 생각을 요즘 들어 많이 하거든요. 공무원이나 공기업 같은 데를 원한다기보다는 뭔가 기술이 하나 있으면 좋지 않을까 하는 생각이 들기 시작해요.   _30대 초반 미혼 직장인

저는 유능한 후배가 들어올 때 좀 불안감이 엄습해오는 것 같아요. 어린애들이 너무 예쁘고 성격도 좋고 일도 잘하고… 저뿐만 아니라 모든 사람들이랑 잘 지내고요. 그러다 보면 후배는 좋은 평판을 받고 저는 점점 나이가 들고요. 이런 게 내가 계속 발전하지 않으면 도태되는 거 아닐까요.   _30대 중반 미혼 직장인

막상 아이를 갖고 보니까 아이를 키우는 건 잠깐뿐이라는 생각이 들어요. 아이가 크고 나면 다시 나의 아이덴티티를 생각하게 될 텐데, 그때를 대비해 커리어를 조금씩은 이어 나가야겠다, 너무 확 놓지 말아야겠다 이런 생각이 있죠.   _30대 중반 기혼 유자녀 직장인

커리어가 나의 존재를 규정하는 사회에서, 한 사회의 구성원으로 살아남기 위해서는 끊임없이 발전해야 한다는 성장 강박증은 연령을 불문하고 모든 여성들에게서 발견됩니다. 출산 이후에도 마찬가지입니다.

그렇다면 어떤 대비를 하고 있을까요? 조사 결과에 따르면 20대 초반은 '자격증 취득'과 '외국어 공부'에, 30대 초반은 '부업과 사이드잡'에 대한 관심이 높았습니다. 의외로 35세 이상부터는 '특별히 대비하고 있지 않다'는 응답이 가장 높게 나타났고요. 사회초년생일 때는 미래에 대한 높은 불안감으로 뭐라고 해보려고 노력하는 반면, 책임져야 하는 일이 많아지고, 사회생활이 어느 정도 익숙해지는 30대 중반부터는 미래에 대한 불안감은 높지만, 실제로 무엇인가를 직접 하기보다는 현실을 받아들이고 적응하는 사람들이 증가한다고 볼 수 있습니다.

미래에 대한 불안감이 높아지면서 직장에서의 '승진'보다 자기만의 '커리어 관리'에 더 신경쓰기 시작합니다. 회사나 직급이라는 타이틀보다는 그 회사 안에서 내가 어떤 일Task을 해냈는지를 중시하고, 이를 바탕으로 나라는 사람의 브랜드를 만들어가는 '셀프 브랜딩'이 자연스러워진 것이죠.

예전에는 단지 일을 일로 받아들였던 것 같아요. 일은 그냥 회사에서

Q. 미래의 커리어를 위해 현재 어떤 대비를 하고 있나요? 모두 골라주세요.

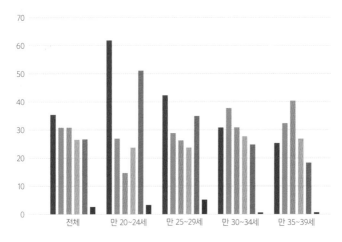

● 자격증 취득　● 부업 혹은 사이드잡 준비　● 특별히 대비하고 있지 않음
● 투자 공부　● 외국어 공부　● 기타

©소비트렌드분석센터

하는 것 정도로만 생각했죠. 반면 요즘은 일을 Task라는 관점에서 바라보는 것 같아요. 예전에는 내가 다니는 '회사'까지만 브랜딩이었지만 이제는 '내가 이런 일을 해'까지가 브랜딩이라고 할까요? 성장을 추구하는 사람들은 이제 자신의 성과를 드러내고 자랑하기 시작합니다. 회사보다 내 이름이 드러나게끔 하는 것이 요즘 트렌드예요.

　이런 경향은 특히 여성들이 남성보다 더 심합니다. 경력단절에 대한 두려움 때문이죠. 어쩔 수 없이 결혼과 육아를 하면서 단절 기간을 마주하게 되죠. 물론 남자도 경력단절이 있지만 그 시기가 비즈

커리어

니스를 본격적으로 시작하기 이전인 반면, 여성은 한창 잘나갈 때 단

절이 됩니다. 통제가 안 되는 거죠. 그때를 대비해 내 영향력을 키워

놓으려는 경향이 높습니다. _커리어코칭 전문가

　셀프 브랜딩은 경력단절에 대한 불안감을 해소하는

데 도움이 됩니다. 인터뷰에 응해준 경제 분야 인플루언서

는 직장생활과 개인활동을 병행하는 것이 본인에게 상당히

도움이 된다고 설명합니다. 개인활동을 하다 보니 조직에

서의 영향력이 다소 줄어도 불안감이 적고, 어떤 상황에서

도 가치를 창출할 수 있다는 자신감이 커지기 때문입니다.

가령 휴직을 하거나 잠시 일을 쉬게 된다고 해도, 조직 내

에서 어려움을 겪는 누군가에게 멘토링이나 컨설팅을 해줄

수 있고, 또 파트타임 등으로 일을 하면서 비즈니스 측면에

서 '나'를 유지할 수 있다는 자신감이 생깁니다. 어차피 실력

과 결과물로 성과를 내면 되니까요. '회사'가 필요한 시대가

가고, '나라는 브랜드'가 필요한 시대가 성큼 다가오고 있습

니다.

　이런 변화는 역설적이게도 업무에 대해 더 큰 열정을

갖도록 하는 계기로 작동하기도 합니다. 커뮤니케이션 회사

에 다니는 한 팀장은 이직이 잦은 2030세대가 의외로 회사

에 대해 의미를 두기도 한다고 이야기합니다. 그들은 회사

를 나의 가치를 평가받을 수 있는 곳으로 생각한다고요. 업

무를 맡을 때도 이 업무가 나의 역량에 어떻게 영향을 줄 수 있는지에 대해 관심이 큽니다.[9] 만약 해당 업무가 나의 커버 레터 혹은 상세 경력인 CV^Curriculum Vitae를 멋지게 만들어준 다면, 힘들고 어려운 일도 맡아서 진행하게 하는 중요한 동기가 되는 것이죠. 앞으로는 승진보다는 구성원 개인이 어떤 성장을 이룰 수 있는지에 대해 납득시키는 것이 직장인들에게 동기를 부여하는 핵심이 될 것 같습니다.

'마미트랙', 'M커브'…
일하는 엄마의 현실과 이상

2030 여성들이 커리어와 관련된 고민을 할 때 결코 빠뜨릴 수 없는 변수가 있습니다. 바로 출산과 육아죠. 출산과 육아는 여성의 커리어에 엄청난 영향을 미칩니다. 대표적인 예가 바로 임금 수준입니다. 학업을 마치고 사회에 처음 진입하는 시기에는 남녀 간 임금 격차가 거의 없습니다. 국회입법조사처가 2024년 10월 발표한 '남성과 여성의 연령대별 임금 현황 및 격차' 보고서에 따르면, 20~24세 즈음에는 여성 임금이 남성의 92.5%, 25~29세에서 92%로 비교적 비슷한 수준입니다. 이후 30~34세 구간에서 남녀 임금 차이는 월 53만 5,000원으로, 여성 임금이 남성의 87.1% 수

커리어

준으로 감소합니다. 2023년 한국 여성의 평균 첫째아이 출산 연령이 32.96세라는 점에서, 출산과 육아로 인한 경력단절이 이후 임금 격차를 크게 벌리는 주요 원인임을 시사하는 결과죠. 임금 격차는 연령이 증가할수록 점차 더 벌어지는데요. 40~44세 구간에서는 여성 임금이 남성의 69.6%로, 50~54세 구간에서는 54.4% 수준으로 떨어집니다.[10]

여성과 남성의 소득 격차가 벌어지는 주요 이유는 여전히 한국 여성들이 출산과 육아의 책임을 상당 부분 감당하고 있기 때문입니다. 많은 여성들이 출산 후에도 커리어를 이어가길 원하지만, 동시에 커리어와 관련된 '성취감'을 포기하는 여성들도 증가합니다.

> 원래 저는 성취욕이 큰 사람이었어요. 근데 아이를 키우면서 '둘 다를 할 수 없다'는 생각이 들더군요. 일과 가정의 비중을 대략 4:6 정도로 가져가기로 타협했어요.
>
> _30대 중반 기혼 유자녀 프리랜서

한림대 사회학과 신경아 교수는 이처럼 여성이 커리어를 후순위로 두고 양육의 책임을 우선순위로 두는 현상을 '마미트랙Mommy Track'이라 설명하며, 맞벌이 기혼 여성이 도달하게 되는 최종 선택지라 말합니다.[11]

최근 들어 육아휴직 제도와 육아는 부부 공동의 몫이라

최근 사라지고 있는 'M커브' 현상

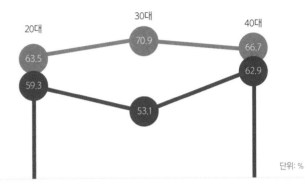

2024년(1월~9월 월 평균)
연령대별 여성 고용률

20대
63.5

30대
70.9

40대
66.7

62.9

59.3

53.1

단위: %

2004년
연령대별 여성 고용률

는 인식이 2030세대를 중심으로 자리 잡으면서, 이와 같은 어려움에 대한 사회적 공감도 커지고 있습니다. 가령 예전에는 남편의 직업을 따라 이사하면서 직장을 그만두는 여성들, 육아를 위해 임금을 포기하면서 일이 적은 회사로 이직하는 여성들이 많았죠. 반면 요즘은 남편과 아내 중 소득이 낮은 쪽이 커리어를 포기하기로 결정하면서, 남편이 아내를 위해 커리어를 양보하는 경우도 있습니다. 실제로 결혼과 출산 시기 여성의 고용률이 급감하는 M커브 M-curve 현상이 최근 들어 사라지고 있다는 보고도 있고요. 통계청에 따르면, 2004년까지도 연령대별 여성 고용률이 M자를 그렸는

커리어

데, 2024년에는 오히려 30대 고용률이 증가하는 모습을 보입니다.[12]

한편 여성들의 커리어와 출산과 육아 관련해서 다소 다른 시각도 있습니다. 한 커리어코칭 전문가는 2030 여성들이 경력단절이 두려워 결혼과 출산을 미룬다고 말하지만, 좀 더 자세히 들여다보면 다른 양상이 있다고 이야기합니다.

> 흔히 커리어 때문에 출산을 안 한다곤 하지만, 솔직히 말하면 커리어보다는 아이를 키우는 것에 대한 두려움이 더 크기 때문에 출산을 안하는 거라고 봅니다. 물론 설문조사에서는 커리어 때문에 출산을 안한다고 대답하죠. 하지만 이건 설문조사의 맹점입니다. 마치 사람들에게 '이 옷을 얼마에 사시겠어요?' 하면 '10만 원이요'라고 응답하지만 실제로 10만 원에 그 옷을 팔면 사람들은 안 삽니다. 마찬가지로 사람들은 육아에 대한 두려움을 직접적으로 이야기하지 않고 커리어의 문제로 포장하는 거예요. _커리어코칭 전문가

경력단절보다는 '독박 육아'에 대한 두려움이 더 크다고요. '집에서 애를 보는 것보다 나가서 밭을 매는 것이 차라리 쉽다'는 농담이 나오는 배경이기도 합니다.

일과 가정을 병행해야 하는 워킹맘들에게 용기를 주는 연구 결과도 있습니다. 하버드 비즈니스 스쿨의 교수인 캐

슬린 맥긴 교수와 연구팀이 전 세계 24개국의 워킹맘과 자녀들에 대해 분석해 발표한 연구에 따르면, 딸들은 '일하는 엄마'에게서 긍정적인 영향을 받는 것으로 나타났습니다. 가령 워킹맘의 딸들은 전업주부의 딸들보다 평균 4% 높은 임금을 받고 30% 이상이 팀장급으로 승진했습니다. 연구팀은 이와 같은 결과에 대해 딸들은 일하는 엄마를 통해 사회 참여 방법을 더 많이 배우고 리더십도 더 크게 발휘하기 때문으로 분석합니다. 워킹맘의 아들들도 긍정적인 영향을 받았는데요. 워킹맘의 아들들은 직장에서 여성 직원에 대한 편견이 낮았고 결혼한 후에도 육아에 적극적으로 참여하는 모습을 보였습니다.[13]

그럼에도 불구하고 분명한 사실은 출산과 육아가 여성들에게 정신적으로, 육체적으로 그리고 경제적으로 여전히 큰 부담을 지우고 있다는 점입니다. 부부 중심으로 육아문화가 바뀌고, 회사가 어린이집을 지원하고, 사회가 육아돌봄 서비스를 제공한다고 해도, 현재 우리 사회에서 엄마인 여성들이 육아에 있어 가장 큰 책임을 짊어지고 있다는 고정관념은 여전히 견고합니다. 여성들의 커리어를 응원하기 위해 우리 사회가 해결해야 할 가장 시급한 과제는 '출산과 육아'에 대한 현명한 솔루션을 찾는 것이고요.

언제, 어디서든
커리어 성취감을 느낄 '권리'

회사를 멋지게 이끌어가는 여성 CEO, 한 분야에서 두각을 드러낸 여성 전문가 등을 지칭할 때 흔히 '커리어 우먼 Career Woman'이라 말합니다. 단어 그대로는 '직업을 가진 여성'이란 뜻이죠. 가정에서 출산과 육아를 담당하며 사회에 진출하는 일이 드물었던 여성들이 1970년대 이르러 직업을 갖기 시작하면서 등장한 단어가[14] 일하는 여성이 더 이상 낯설지 않은 지금에도 존재한다는 건 여전히 이 사회에서 여성이 자신의 커리어를 온전히 갖는 일이 어렵다는 점을 시사하는 것은 아닐까요? 워킹맘이라는 말도 마찬가지일 것입니다.

당신에게 일이란 무엇인가요? 신경아 교수는 한국의 여성들이 자신의 일을 무엇보다 중요하게 여기는 현상에 대해 "지금 여성들은 노동시장에서 시민권을 외치고 있다"고 묘사합니다. 내가 하고 있는 일이 곧 나의 브랜드가 되는 사회에서, 여성들은 여전히 이 당연하고 작은 권리를 찾으려는 것이죠. 여성들이 커리어에서 '성취감'을 포기하지 않아도 되는 사회, 이 당연한 진리가 실현되길 기대해봅니다.

Growth

투자와 소비

이구'돈'성,
너무 이른 재테크는 없다

'공돈 1,000만 원이 생긴다면 무엇을 할 건가요?'

이 질문에 2030 여성들은 어떻게 답할까요? '젊은 여성은 소비 성향이 높다'는 고정관념대로, 평소에 엄두를 내기 어려웠던 명품, 해외여행, 맛집 투어에 쓰겠다고 할까요? 그렇지 않습니다. 소비트렌드분석센터에서 25~39세 여성을 대상으로 진행한 인터뷰에서 참여자 중 과반수가 1,000만 원 중 상당 부분을 저축이나 투자 용도로 사용하겠다고 답변했습니다. 또한 참여자 전원이 우선적으로 저금, 투자, 대출 상환, 재테크 등에 돈을 쓰겠다고 말했고요. 아무리 공돈이라도 상대적으로 사회초년생일 2030 여성들에게 1,000만 원은 쉽게 쓰기 아까운 돈입니다.

통계를 보아도 2030세대는 재테크를 중요한 자기관리이자 자기계발로 여깁니다. 한국투자증권에서 전국 MZ세대 500명을 대상으로 진행한 설문조사에 따르면, 응답자의 58%가 재테크를 자기계발 활동의 일환으로 인식하고 있었습니다. 구체적으로는 3040 밀레니얼세대 여성의 62%, 20대 Z세대 여성의 44%가 "자기계발 활동으로 재테크를 하고 싶다"고 응답했다고요. 나이가 들고 경제활동 경력이 쌓일수록 재테크의 필요성을 더욱 크게 느끼는 것입니다.[1] 소비트렌드분석센터가 진행한 인터뷰에서도 건강·외모·멘탈 관리보다도 재무 관리가 더 중요한 자기관리라고 답한 응답

투자와 소비

600만 원 정도는 금리가 높고 오래된 대출을 먼저 상환하고, 고금리 파킹 통장 수익과 남은 대출 이자를 비교해서 추가로 대출 상환을 하거나, 예금이나 적금을 들 것 같아요. 여유가 된다면 1~200 정도는 나를 위해 써도 좋겠네요. 가벼운 여행이나 문화생활, 미용 등으로요. _20대 중반 미혼 프리랜서

우선 800만 원은 예금하고 남은 200만 원 중 50만 원은 면접 컨설팅 받고, 50만 원으로는 옷을 구매하고요. 50만 원은 여행 자금에 보태고, 또 50만 원은 몇 달간 배달음식 가격 안보고 주문해보고 싶어요. _30대 초반 미혼 프리랜서

부르고뉴 와이너리 투어를 가거나 가치 있는 와인을 구매해서 보관해두고 싶어요. _30대 후반 미혼 직장인

자가 많았습니다. "운동도, 병원가는 것도 다 '돈'인 만큼 경제적 기반이 갖추어지면 '나머지는 다 따라오는 것'이기 때문"이라고요.

젊을 때부터 재테크를 중요하게 여기는 것은 2030세대가 살아가는 시대 환경과도 관련이 깊습니다. 이들은 어려서부터 '부자 되세요'를 덕담으로 듣고 자랐고, 재테크의 중요성을 강조하는 콘텐츠들을 주변에서 쉽게 접합니다. '나중에 고생하지 않으려면 지금부터 공부하고 투자해야 한다'는 사실을 너무 잘 학습한 세대인 것이죠. 또 다른 배경으로는 여성의 경제활동이 지속적으로 늘고 있다는 사실입니다. 2024년 통계 작성 이래 처음으로 여성 임금근로자 수가 1,000만 명을 넘었습니다. 이는 전체 임금근로자의 46.1%에 해당하는 수치인데요. 여성의 경제활동 참가율 역시 지속적으로 높아져 2024년 3분기 기준 30대 여성의 경제활동 참가율은 73.5%에 달했습니다. 여성이 경제력을 갖는 것이 기본값이 된 시대죠.

여러 미디어에서 '인생은 한 번뿐'이라는 욜로YOLO라는 유행어와 함께 2030세대가 미래를 아랑곳하지 않고 현재를 즐기는 삶을 사는 듯이 그려내지만, 정작 당사자들은 그런 모습이 일부의 과장된 모습이라는 것을 알고 있습니다. 치솟는 물가와 높은 집값과 100세 시대를 위한 노후 준비까지… 현실은 녹록지 않기 때문입니다. 더구나 이전 세대와

투자와 소비

달리 여성들도 경제활동을 하는 것이 기본으로 여겨지는 만큼, 이제 젊은 여성들에게도 경제관념은 필수고요.

다른 모든 것보다 돈이 중요하다는 '머니러시'[2] 시대에, 어릴 때부터 광고, 시장, 금융 등 자본주의 생리를 몸으로 체득한 '자본주의 키즈'[3]로 자란 2030 여성들은 투자와 소비에 대해 어떤 생각을 가지고 있을까요? 한국인 모두의 평생 과업이 됐다 해도 과언이 아닐 '내 집 마련'과 '노후 대비'라는 쉽지 않은 과제에 이들은 어떻게 대비하고 있을까요?

'버는 돈'보다
'모은 돈'

요즘 결혼을 전제로 소개를 받을 때, 남녀 모두 단순히 상대방의 연봉을 묻는 것이 아니라 '직장생활 몇 년차이고, 얼마나 돈을 모아놨느냐'를 중요하게 여긴다고 합니다. 몇 년 동안 어느 정도 모았는지를 보면, 그 사람의 성실성, 자기관리 능력, 재무 역량, 소비 성향 등을 짐작할 수 있기 때문입니다. 연봉은 높은데 모은 돈이 별로 없다고 하면, 오히려 마이너스입니다. 버는 족족 썼거나 투자를 잘못했다는 의미이기 때문이죠. 과거에는 연봉, 즉 소득 높은 직업을 갖고 있으면 무조건 선호하는 경향이 있었습니다. 하지만 요즘에는 단순히 '버는 돈'보다 '모은 돈'을 중요하게 여깁니다. '경제력'이 아니라 '경제관념'이 중요해진 것입니다.

그렇다면 2030 여성들은 실제로 얼마나 벌고, 또 모으고 있을까요? 소비트렌드분석센터에서 여성들을 대상으로 진행한 설문조사에 따르면 25~39세 여성의 월 평균 소득은 280만 원으로, 한 달 지출액에서 저축 및 투자에 쓴 비율은 평균 25.8%이었습니다. '저축 및 투자' 비중은 상당히 폭넓게 분포되어 있었는데요. 표에 나타난 바와 같이, 응답자 중에서 월 지출액의 41~50%를 저축 및 투자에 쓰고 있다고 답한 사람이 14.7%나 되지만 전혀 저축과 투자를 하지 못하고 있다고 답한 사람도 19.2%나 됩니다. 소득이 높을수록 저축 및 투자를 많이 하는 사람이 조금 더 많긴 하지만 크게 차이나지는 않고요. 또한 얼마나 저축과 투자를 많이 하는지는 연령과도 무관한 것으로 나타났습니다.

신한은행의 마이데이터 유닛에서 발표한 '보통사람 금융생활 보고서 2024'에서도 유사한 결과를 찾을 수 있습니다. 20대 미혼 취업자 집단의 평균 소득은 296만 원, 3040 미혼 취업자 집단의 평균 소득은 376만 원으로 나타났는데요. 각 집단에서 많이 버는 사람부터 적게 버는 사람까지 소득 구간을 나누어 분석해본 결과, 월 소득 대비 저축 비중은 소득에 따라 큰 차이 없이 20대와 30대 모두 평균 25% 내외로 나타났습니다. 그렇다면 소득이 높은 사람은 돈을 어디

Q. 한 달 지출액 중 '저축 및 투자'에 쓰는 비중은 어느 정도인가요?

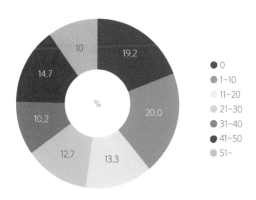

단위 :%

저축 비중 소득	0	~10	~20	~30	~40	~50	50~
100만 원 이하	45.7	29.3	14.1	2.2	2.2	3.3	3.3
~200만 원 이하	24.2	28.4	9.5	11.6	6.3	12.6	7.4
~300만 원 이하	12.5	15.5	14.3	16.2	12.1	20	9.4
~400만 원 이하	11.1	16.2	14.1	15.2	12.1	4.1	17.2
400만 원 초과	12.2	18.4	12.2	10.2	18.4	2.2	16.3

ⓒ 소비트렌드분석센터

에 쓰는 걸까요? 보고서에 따르면, 소득이 상위 20%인 집단은 다른 집단에 비해 '예비 자금'이 더 큰 것으로 나타났고, 지출 금액에서 특히 '식비' 금액이 다른 집단의 약 두 배 정도 됩니다. 소득이 높으면 저축이나 투자를 더 많이 하기에 유리한 것은 맞지만, 돈을 쓸 수 있는 곳도 많아지는 만큼 '버는 돈'보다 '모은 돈'이 중요하다는 것을 보여주는 조사 결과라고 할 수 있습니다.

재무 관리의 시작
"아무래도 우선 목표는 내 집 마련이죠"

젊을 때부터 재무 관리에 관심이 많아진 까닭은 무엇일까요? 달리 말해서, 어떤 계기로 투자나 소비 문제에 본격적인 관심을 기울이기 시작할까요? 역시 집 문제가 가장 큽니다. 요즘 여성들의 재무 목표 1순위는 '내 집 마련'입니다. 전통적으로 우리 사회에서는 신랑이 주거를, 신부가 혼수를 준비하는 경우가 많았죠. 결혼할 때 '남성이 집을 마련하면 여성이 집을 채운다'는 인식이 있었고요. 하지만 요즘 집값이 너무 올라 한 사람이 대도시에 집을 마련하는 것이 불가능해졌고, 혼수도 함께 나눈다는 소위 '반반혼수' 트렌드가 늘었습니다. 자연스럽게 부부가 함께 내 집 마련 대책을 세우는 것이 일반적인 현상이 됐죠.

설령 결혼 계획이 없더라도, 혼자서도 독립해 잘 사는 것이 2030 여성들의 당면 목표가 되면서 여성들도 자기 힘으로 주거 문제를 해결하는 것이 주된 목표입니다. 경향신문과 여론조사기관 피엠아이(PMI)에서 전국 20~34세 성인 남녀 1,000명을 대상으로 설문조사한 결과에 따르면, "평생 집 한 채를 꼭 사야 한다"에 동의한 비율은 남성(57.1%)보다 여성(65.5%)이 높았습니다. 또한 주택 구매가 실거주 목적인지, 투자 목적인지 묻는 문항에는 여성들이 실거주 목적이라고 응답한 비율(71.4%)이 남성(60.3%)에 비해 높았습니다. 살 곳에 대한 여성들의 인식 변화를 잘 볼 수 있는 결과죠.

저축만으로 집을 마련하는 것이 불가능해지면서 여성들의 투자에 대한 관심도 크게 높아졌습니다. 코로나19 팬데믹 기간 동안 전 국민적으로 주식 투자에 대한 관심이 높아지면서 특히 여성 투자자의 증가세가 돋보였습니다. 한국예탁결제원의 자료에 따르면, 2020년 당시 남성 주식 투자자 증가율은 40.8%였던 것에 비해 여성은 61.3% 증가해 처음으로 남성 증가율을 앞지른 바 있습니다.[4]

결혼 후에 재무 관리를 분담하는 부부의 모습도 이전과는 달라졌습니다. 과거에는 결혼 후 투자 활동을 남편이 주도했다면, 지금은 결혼 전부터 재테크에 적극적인 여성들이 많아지면서 결혼 후에도 아내가 주도적으로 가계 관리를 하는 모습을 자주 볼 수 있습니다. 미혼 1인 가구일 때는 본인의 소득으로 모든 지출과 투자를 해결해야 했다면, 결혼을 하고 소득도 불어나면서 재무 관리의 필요성을 더 크게 느낄 뿐만 아니라, 다양한 투자로 눈을 돌릴 수 있게 됩니다. 대표적으로 주식 투자만 하던 사람이 신혼집을 구하면서 부동산으로 관심이 확장되고 이것이 부동산 투자로도 이어지는 식입니다.

아이를 낳고 나면, 투자에 대한 생각이 더욱 달라집니다. 당장 교육비 등 지출도 많아지고, 자녀들은 집이나 생활비 걱정 없이 살게 해주고 싶다는 욕구가 커지기 때문입니다. 나날이 부동산, 금, 주식, 코인 등 자산의 격차가 커지는 것을 실감하면서, 내 아이만큼은 조금 더 나은 입장에서 성인기를 맞을 수 있도록 해야 한다는 생각이 강해지는 것이죠.

> '부동산으로 난 이렇게 했다'라고 이야기하는 사람들 중에 아기를 키우면서 위기 의식이 느껴져서 시작했다는 사람이 많아요. 특히 여성들이 아이를 낳고 직장을 그만두거나 직장을 안 다니는 분들은 경제적인 자원을 확보해서 투자를 하는 경우도 많은 것 같습니다.
>
> _경제 분야 인플루언서

투자와 소비

남편은 경제관념도, 지식도 별로 없고,
재테크를 해본 적도 없고 관심도 없어요.
그런데 저는 그런 거에 관심이 많은 편이어서
제가 다 해요.

_30대 후반 기혼 무자녀 전업주부

제가 조금 더 재테크에 관심이
많아요. 자취할 때부터 가계부를
수기로 쓰고 있거든요.
제 명의로 청약도 당첨되어서
거기서 생활하고 있기도 하고요.

_20대 후반 기혼 무자녀 직장인

미혼 때는 간단하게 주식에 집중에
집중했다면 이제는 부동산이에요. 지금은
아기가 있으니까 '애 스무 살때까지 재테크를
해서 최소 5억은 만들어주고 싶다'고 생각했죠.
자녀를 위해서, 이것 정도는 최소한 있어야 한다,
그런 생각을 많이 하게 되는 것 같아요.

_30대 중반 기혼 유자녀 전업주부

노후 대비를 위한
종잣돈 모으기

2030 여성의 재무 관리에서 새롭게 떠오르는 키워드가 있습니다. 바로 '노후 대비'입니다. 은퇴를 목전에 둔 중장년층의 이야기가 아니라 사회생활을 막 시작하는 2030세대가 노후를 걱정합니다. '○○년이면 국민연금 고갈된다'는 경고가 끊이지 않는 현실에서, 2030 여성에게 '노후'는 남의 일로 느껴지지 않습니다. 노부모와 자녀를 이중으로 부양하느라 노후 준비를 하지 못한 부모 세대의 어려움을 곁에서 목격할 뿐만 아니라, 미디어를 통해 '100세 시대'라는 메시지를 끊임없이 접하면서 미리미리 준비하지 않으면 불행한 미래가 닥칠지 모른다는 불안 역시 학습하기 때문입니다.

하지만 현실은 아득합니다. 내 집 마련도 쉽지 않은데, 까마득한 노후 대비라니요. 25~39세 여성 600명을 대상으로 한 자체 설문조사 결과에서 "현재 노후 대비를 하고 있다"는 응답자의 비중은 44.5%로 절반에도 미치지 못했습니다. 현재 자신의 노후 대비가 충분하다고 생각하는 사람 또한 9%밖에 되지 않아 노후를 대비하고 있지 않은 사람뿐만 아니라 여성 전반이 노후에 대해 걱정하고 있음을 알 수 있습니다.

내 집 마련과 노후에 대한 불안이 커지면서 '월급만으

Q. 현재 노후 대비를 하고 있나요?

Q. 현재 나의 노후 대비에 대해 어떻게 생각하나요?

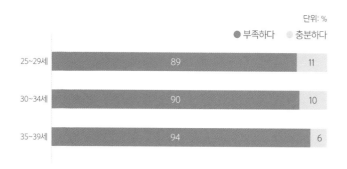

© 소비트렌드분석센터

로는 충분하지 않다', '투자는 이제 필수'라는 인식이 점차 커지고 있습니다. 경제 미디어 어피티에서 1980~2000년대 생 구독자 768명을 대상으로 진행한 설문조사에서 이러한 변화가 확연히 드러나는데요.[5] '부모님 세대의 은퇴 준비 수단'과 '본인의 은퇴 준비 수단'을 모두 고르도록 했는데, 부모님 세대는 '국민연금', '저축', '보험 가입', '주식·부동산 투자' 순으로 투자가 가장 후순위였던 반면, 2030세대는 '저축', '주식·부동산 투자', '국민연금', '개인연금' 순이었습니다. 응답자 비율로 보면 768명 중 '주식·부동산 투자'를 하고 있는 사람은 462명으로 60%에 달했고요. 조사 대상이 금융 뉴스레터의 구독자인 만큼 보통 사람에 비해 금융에 관심이 더 많다는 점을 감안하더라도 국민연금보다 투자를 중요하게 생각한다는 점이 눈에 띕니다.

투자를 시작하기 위해서는 일단 투자금을 늘릴 수 있는 '종잣돈 만들기'가 당면 과제로 떠오릅니다. '10년 뒤 10억 만들기' 같은 막연한 목표가 아니라, '월급 200만 원으로 1억 모으기'와 같이 누구나 실천할 수 있는 구체적인 재테크 방법에 관심이 커지는 것이죠. 일단 투자를 통해 자산을 불리기 위해서는 '씨드머니'가 필요한데, 그 목표 금액이 대체로 '1억'으로 표현됩니다. 웬만한 2030 직장인에게 1억은 당장 마련하기 쉽지 않은 금액이지만 그 단계까지만 달성하면, 투자 포트폴리오를 다변화시키고 수익을 늘릴 수 있는

Q. 은퇴를 위해 어떤 준비를 하고 있나요?

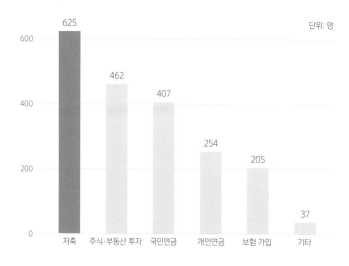

*2024년 6월, 조사 대상 1980~2000년대생 768명, 중복 선택 ⓒ 어피티

방법이 많아진다는 심리적 안정과 자신감을 주는 상징적인 금액이기도 하고요. 최근 인터넷에는 한 달에 얼마씩 저축해야 1억 모으기가 가능한지 월급 규모에 따른 플랜을 공유하는 콘텐츠가 많아지고 있습니다. 구체적인 숫자와 단기적 목표를 제시함으로써 '나도 할 수 있겠다'라는 마음에 불을 지핍니다.

　　당장 손에 잡히는 미래 대비는 보험 가입에서도 드러납니다. 앞선 어피티의 설문조사에서처럼 2030세대에게 '보험 가입'은 부모님 세대와 달리 가장 후순위입니다. 인식도 다

월급(실수령)	한 달 총지출	월 저축액	1억 모으기 기간
200만 원	50만 원	150만 원	5년 6개월
	100만 원	100만 원	8년 4개월
	150만 원	50만 원	16년 7개월
250만 원	50만 원	200만 원	4년 2개월
	100만 원	150만 원	5년 6개월
	150만 원	100만 원	8년 4개월
300만 원	50만 원	250만 원	3년 4개월
	100만 원	200만 원	4년 2개월
	150만 원	150만 원	5년 6개월

ⓒ 유튜버 자취린이, 뱅크샐러드

른데요. 그들에게 보험은 먼 미래의 위험을 대비하는 것보다 오늘 벌어질지 모르는 실질적인 위험에 대비하는 상품입니다. 어피티에서는 483명을 대상으로 보험 가입 현황도 조사한 바 있는데, 응답자 중 94.2%가 '실손의료보험'에 가입해있고 이어 '질병보장보험(73.4%)', '자동차보험(33.4%)' 순으로 가입률이 높았습니다(중복 선택). 반면 '연금보험'과 '저축성 보험'은 각각 13.1%, 11.1%로 가입률이 현저히 낮았고요.[6]

투자와 소비

시장조사기업 엠브레인의 설문조사 결과에서도 "종합보험보다 내가 원하는 내용만 보장되는 단순한 보험에 더 관심이 있다"에 동의한 비율이 55.9%로 과반수를 넘었습니다.[7] 당장 필요하지 않은 위험에 대비하기에는 보험료조차 경제적 부담이 되기 때문일 테죠. 이러한 상황에서 2030 여성들이 체감하는 위험을 보장하는 여성특화보험이 인기를 얻고 있습니다. 이는 임신·출산과 같은 신체·정신적 변화나 유방암·자궁경부암 등의 여성 질환을 보장하는 상품인데요. 일례로 한화손보의 '시그니처 여성 건강보험'은 출시된 지 17개월 만에 누적 신계약 건수가 29만 건, 누적 매출액 1,870억 원을 넘겼습니다. 덕분에 한화손보의 2039 여성 고객 비중은 약 14% 수준에서 약 40%까지 상승했습니다.[8] 한화손보가 한국갤럽에 의뢰해 진행한 조사에 따르면 3040 여성보다 미래의 불확실성이 더욱 큰 20대 여성이 이

Q. 여성특화 보험에 가입할 의향이 있나요?

단위: %

● 의향이 있다   ● 보통이다   ● 의향이 없다

	의향이 있다	보통이다	의향이 없다
25~29세	70	24.3	5.7
30~39세	53.6	40	6.4

*조사 대상 서울·수도권 4대 광역시 20~40대 여성 280명, ⓒ 한화손보×한국갤럽

러한 여성특화보험에 가입하려는 생각이 큰 것으로 나타났습니다.

요즘 재무 관리 전략
불안을 넘어서

재무 관리에 정답은 없습니다. 사람의 성향이나 경제 사정에 따라 제각각이죠. 저축을 한 달에 1만 원 하고 있는 사람부터, 저축은 그럭저럭 하지만 별도의 투자에는 도전하지 못하는 사람 그리고 다양한 투자 수단을 모두 활용하는 사람까지 매우 다양한 모습입니다. 소득 규모나 혼인 여부, 자녀 유무 등 여러 환경적 요소까지 결합한다면 재무 관리와 관련된 스펙트럼은 매우 넓죠.

  그럼에도 공통점은 있습니다. 항상 불안하다는 것입니다. 어떻게 변화해야 할지 방향성을 찾기 어렵고요. '나름대로 나는 열심히 아끼고 있는데 왜 돈이 안 모이지?'라는 고민은 혼자만의 것이 아닙니다. 뭔가 재테크를 잘 못하고 있다고 생각하는 것도 공통점이고요. 저축을 거의 하지 못하는 사람은 저축액이 적기 때문에, 저축만 하는 사람은 투자를 하고 있지 못하기 때문에, 저축은 물론 주식과 코인에까지 직접 투자하는 사람은 수익률이 높지 않기 때문에, 누구

투자와 소비

이대로는 안 되겠다 생각은 하는데… 막
상 어디서 어떻게 줄여야 할지 모르겠어
요. 다 어쩔 수 없이 쓴 거예요.

_20대 후반 미혼 직장인

그냥 생활비 쓰고 남는 거 저축해요. 재테
크는 정말 어디서부터 어떻게 시작해야
할지 모르겠어요. 다들 안 하면 바보라고
하는데… 막상 잘 하시는 분은 못 봤고요.
유튜브에서 이렇게 해야 한다, 저렇게 해
야 한다고는 하지만… 막막한 느낌이에
요. 괜히 잘못했다가 안 하느니만 못할까
봐서요.

_30대 초반 기혼 무자녀 프리랜서

제가 재테크를 잘 하지도 못하지도 않는
다고 생각해요. 예금, 적금, 주식, 코인…
다 하고 있긴 한데, 많이 벌고 있는 것도
아니고요. 제 친구들도 비슷해요. 그냥 기
본은 한다고 생각하는 것 같아요.

_30대 초반 미혼 대학원생

도 재테크에 대해 자신 있게 이야기하지 못합니다. 모두가 스스로 보통이라고 여기며 동시에 불안해합니다.

이 불안을 어떻게 극복해 나갈까요? 역시 '공부'입니다. ETF·REITs·TDF·MBS·ABS… 요즘 금융상품은 외계어 같습니다. 거기에 우리나라 증권 시장의 정체가 길어지면서, 미국은 물론이고 일본, 인도, 중국, 베트남 등 해외주식 시장에 투자하는 사람도 크게 늘었습니다. 나라마다 돌발 사태가 많아지며 투자 환경도 그만큼 복잡해졌고요. 이러한 불확실성을 이겨내는 유일한 방법은 바로 공부입니다. 설문조사에 따르면 요즘 2030세대는 투자 성공을 결정짓는 가장 중요한 요인으로 '투자 지식'을 꼽는다고요. 특히 "투자 지식이 가장 중요하다"고 한 비율은 여성이 34.2%로, 남성의 26.1%보다 더 높았습니다.[9]

과거에 비해 재테크를 공부할 수 있는 방법이 다양해졌습니다. 유튜브 시대가 열리기 전에는《부자 아빠 가난한 아빠》와 같은 재테크 관련 책을 사서 보는 게 전부였죠. 이러한 책들은 기초부터 알려준다고는 하지만 개인의 상황이 모두 다르고, 바로 행동에 옮기기에는 어렵기만 했습니다. 더구나 요즘은 모든 정보가 하루가 다르게 시시각각 변하죠. 그래서 유튜브가 각광을 받습니다. 일반인에게는 까마득하게 느껴지는 투자의 대가들뿐만 아니라, 친근감을 느끼며 다가갈 수 있는 다양한 재테크 유튜버가 있습니다. 직장인이었다가 건물주가 된 사람, 평범한 주부에서 투자 전문가로 거듭난 사람, 자산가는 아니지만 자신이 실패한 후기를 공유하며 주의할 점을 알려주는 사람 등 그 모습도 다양합니다. 특히 여성 유튜버도 많아지면서 2030 여성들도 각종 투자 정보에 편히 다가갈 수 있게 되었습니다.

재무 관리에서 인플루언서의 영향력은 40대에 비해 2030에서 더 크게 나타납니다. 소비트렌드분석센터의 설문 조사에 따르면, 재테크 공부에 본격적으로 관심을 갖게 되는 연령인 25~34세에서는 거의 절반에 가까운 사람들이 재

Q. 재테크 정보를 얻을 때, 가장 많이 활용하는 것은 무엇인가요?

단위: %

	재테크 분야 인플루언서 콘텐츠	대중매체에 출연하는 경제 전문가	재테크 분야 도서	금융기관 직원
20~24세	41.0	27.5	21.5	10.0
25~29세	49.5	22.5	13.5	14.5
30~34세	50.0	20.0	18.0	12.0
35~39세	42.5	25.5	20.0	12.0
40~45세	36.5	26.5	24.0	13.0
45~49세	29.0	38.5	20.0	12.5

© 소비트렌드분석센터

테크 정보를 인플루언서의 콘텐츠를 통해 가장 많이 얻고 있다고 응답했습니다. 45~49세의 경우에는 대중매체에 출연하는 경제 전문가를 참고하는 사람이 38.5%로, 인플루언서의 콘텐츠를 참고하는 사람(29.0%)보다 많았고요. 그만큼 2030 여성은 대중매체의 권위가 실린 정보보다 인플루언서가 제공하는 구체적 정보를 더욱 가치 있게 느낍니다.

재테크에 관심이 있는 사람들은 어떤 채널을 구독할까요? 먼저 기본적으로 구독하는 채널은 '슈카월드'(구독자 344만 명)나 '월급쟁이 부자들TV'(구독자 174만 명), '부읽남'(구독자 140만 명)처럼 초대형 유튜브 채널입니다. 이러한 채널은 본격적인 재테크 내용보다도 경제 뉴스나 시사 상식을 가볍게 접할 수 있습니다. 여기에 추가적으로 자신의 취향이나 상황에 맞는 유튜브 채널을 구독합니다.

약 70만 명의 구독자를 보유한 '김짠부'는 짠테크 이야기를 밝게 전하는 컨셉으로 절약과 저축의 노하우를 공유하는 콘텐츠로 유명한 유튜버입니다. 스무 살에 일을 시작했으나 6년이 지날 때까지 저축액이 300만 원밖에 되지 않아 '욜로 하다 골로 간다'는 말을 절감하고 재테크를 시작했다고요. 지금은 이 시대에 필요한 금융 정보를 쉽고 친근하게 알려주는 컨셉으로 확장해 구독자들에게 다가가고 있습니다. '시골쥐의 도시생활'은 채널명에서도 알 수 있듯 취업을 위해 상경해 생활하며 겪는 경제적 현실을 이야기하며 시작했습니다. 꾸밈비, 현실적인 N잡, 서울 월세, 15평 빌라 신혼집 등 현실적인 2030의 경제 생활을 그리고, 꿀팁을 전합니다. 이외에도 '뿡글이' 채널의 운영자는 청약 준비와 당첨 과정을, '할미언니'는 '90살 같은 90년생의 재테크'로 노후 준비의 필요성을 강조하며 여성들의 눈길을 끌고 있습니다.

이러한 채널 운영자 또한 2030 여성으로서 현실에서 마주하는 문제나 어려움을 솔직하게 공개하고 해결 과정을 공유한다는 점에서 구독자의 모습과 닮았습니다. 너무 멀게 느껴지는 롤모델이 아니라, 공감하고 서로를 응원하며 즉각적이고 실질적인 방법을 공유하며 바로 실천하도록 자극한다는 점에서 2030 여성들의 재테크에 대한 적극적인 면모를 엿볼 수 있습니다.

최근에는 부동산 투자에 관심 많은 사람들이 수업을 들으며 이론 공부를 하고 스터디를 결성하여 임장 실습에 나서는 게 필수 코스화되기도 했습니다. 임장은 혼자 가는 것이 더 어렵게 느껴지는 만큼 팀을 만들어 함께 다녀보는 것이죠. '책상에서는 배울 수 없는 게 현장에 있다'는 관점에서 시작된 임장 모임은 현장에 가서 동네 분위기를 직접 느껴보는 게 목적입니다. 관심 있게 본 매물의 주변에 꽃집이 있는지 없는지 살펴보는 식입니다. 꽃을 사서 집에 놔둘 만큼 심리적·물리적 환경이 조성되어 있는지를 보여주는 증거라고요. 강의 플랫폼에서 '임장 스쿨' 같은 그룹 코칭을 제공하기도 하고, 오픈채팅방이나 SNS 게시글을 통해 임장 모임을 쉽게 찾을 수 있습니다.

한편으로는 인플루언서의 영향력이 커지면서 어두운 면도 생기고 있습니다. 인플루언서를 '추종'하면서 중요한 재무적 의사결정에 휩쓸리는 것인데요. 이를 악용해 소위 '리딩방'이라고 하는 투자 사기가 나타나기도 하고, 딥페이크 기술을 활용하여 유명인이 투자 권유를 하는 듯 착각하도록 만든 악성 광고가 등장하기도 했습니다. 이제 대부분의 경제 유튜브 콘텐츠는 '이 내용은 투자 권유가 아니며, 최종적인 판단은 본인에게 달려있다'는 취지의 고지와 함께 시작합니다. 유튜브에 올라오는 정보 자체를 좋다, 나쁘다고 속단할 수는 없을 것입니다. 결국 그것을 선택하고 판단할 수 있는 본인의 역량이 중요하다는 기본을 2030 여성들은 자신의 삶과의 유사성, 현실성 그리고 직접 발품을 팔며 다져가고 있습니다.

소비는 투자의
다른 이름

어떤 투자 수익률도 불필요한 지출을 줄이는 것을 넘지 못한다.

_모건 하우절

투자와 소비

조금씩 더 좋은 것들을 누리고 있는 제 자신이 원동력이에요. 예를 들어서 20대는 1, 2만 원짜리 와인을 마셨다면 이제는 주에 한 번씩 10만 원짜리 와인을 마실 수 있는 거죠. 20대 때는 향수 하나 사면 아까워서 중요한 날에만 뿌렸다면 이제는 30만 원짜리 향수를 아침에 뿌리고 나갈 때 행복하고 만족스러워요. 그 만족감을 계속 찾아요.

_30대 중반 미혼 직장인

그런 것에서 행복을 느끼는 거예요. 냉장고 필요하다고 하면 사드리고. 제 경제력으로 무리다 싶어도 가족들이 행복한 걸 보면 좋아요. 그러니까 더 경제적 자유에 대한 갈망이 생기고요.

_30대 후반 미혼 직장인

시장의 등락에 따라 수익률이 춤을 추고, 그에 따라 이른바 '사팔사팔'(샀다 팔았다 샀다 팔았다)을 몇 번 경험하고 나면, 돈을 불리는 것에만 관심이 가고, 어떻게 지출하는지에는 등한하기 쉽습니다. 하지만 재테크 분야의 스테디셀러《돈의 심리학》에서 모건 하우절은 강조합니다. 부를 쌓는 것은 소득이나 투자 수익률보다 저축률과 관계가 깊다고요.[10]

하지만 현대사회에서 소비는 생존을 위한 필요이자 즐거움을 주는 도락입니다. 멋진 물건 '지르는' 것만큼 우리를 즐겁게 해주는 것이 또 있을까요? 부유해진 대한민국에서 태어난 젊은 세대는 소비가 주는 행복을 아는 세대입니다.

특히 여성들에게 경제력이 중요해진 이유는 먹고 사는 일 때문만이 아니라, 소비가 중요한 행복의 원천이기 때문입니다. 단지 예쁘고 좋은 것을 구매해서 좋다는 의미가 아닙니다. 자신이 번 돈으로 원하는 삶을 실현한다는 사실이 좋은 것이죠. 여성들은 이전보다 더 좋은 것을 구매하며 삶이 향상되고 있다는 기분, 나 자신을 귀한 사람으로 대접하는 기분, 가족에게 좋은 것을 해줄 때의 뿌듯함 등 다양한 방식으로 소비에서 행복을 얻고 있습니다. 이러한 것들을 다른 사람에게 선물받은 것이 아니라, 내 능력으로 구매하기 때문에 더 의미가 있다고 말합니다.

그렇다고 열심히 번 돈을 펑펑 쓰는 것은 아닙니다. 쓰고 싶은 곳은 많지만 자원이 한정되어 있는 만큼 더 '잘' 쓰는 방법을 궁리합니다. 이전과 가장 크게 변화한 게 있다면 집단지성의 힘을 잘 활용한다는 점이고요. 과거에는 본인의 소비 경험과 주변 사람의 알음알음을 통해 더 좋은 제품을 찾았다면, 이제는 온라인상에서 일면식 없지만 소비자라는 정체성으로 뭉쳐 노하우를 공유합니다. 일례로, 금융 미디어 어피티는 뉴스레터를 통해 돈을 잘 쓰기 위해 구독자들 간에 집단지성을 모으는 '챗UPT' 코너를 운영하고 있습니다. '자취생이나 1인 가구가 건강하게 먹으면서 식비도 절약하는 방법 알려줘!'라는 구독자의 질문을 공지하면, 다른 구독자들이 자기 노하우를 어피티에 제보하고, 이 중 좋은 답변을 선별해 다음 회차 뉴스레터에 공유하는 식입니다. 2024년 4월의 챗UPT에는 앞의 질문에 대해 '햇반 사지 마세요. 중고로 전기밥솥을 사면 2~3만 원이면 밥을 지어먹을 수 있어요', '냉동실에 소분해서 얼려두세요' 등과 같은 팁이 올라왔습니다. '헬스·PT·필라테스·요가 저렴하게 하는 법 있으면 알려줘'라는 2024년 5월의 글에는 지자체 체육센터의 시세를 알려주기도 하고, '접수 경쟁이 치열해서 공공기관 문화센터가 어렵다면 백화점이나 대형마트의 문화센터도 좋다'는 답변이 공유되는 식이죠.

고물가 속 대안적 소비로 떠오르는 '듀프'도 합리적 소비를 지향하는 요즘 소비자들의 특성을 잘 드러냅니다. 듀프Dupe란 Duplication(복제품)의 약자인데 값비싼 브랜드 제품 대신 유사한 품질의 저가 제품으로 대체하여 소비하는 것을 말합니다. 대표적으로 '샤넬맛' 화장품으로 알려진 다이소의 '아티 스프레드 컬러밤', '르메르맛 유니클로'로 알려진 유니클로의 서브브랜드 '유니클로 유^U'가 있습니다. 다이소의 컬러밤은 샤넬 제품과 유사한 발색을 보이지만 가격이 20분의 1 수준이라고 알려지면서, 한때 품절 대란이 일었습니다.

이러한 듀프 소비는 이전의 '짝퉁'이나 '저렴이'와는 결이 조금 다릅니다. 과거 '짝퉁'이란 명품 브랜드 제품의 가격이 부담스러워 생김새를 모방한 제품을 구매하며 남들이 알아채지 않기를 바라는 마음이 컸죠. '저렴이'의 경우 '차이슨(차이나+다이슨: 다이슨을 대체하는 중국산 저가 제품)'이라는 이름처럼 고가 브랜드에는 미치지 못한다는 뉘앙스가 깔려 있었고요. 하지만 최근 듀프를 찾는 소비자들은 오히려 '듀프 성공 후기'라며 SNS에 본인이 찾아낸 듀프 아이템을 자랑하듯 공유합니다. 브랜드에 연연하지 않는 것이 합리적 소비라며 본인의 소비 '능력'을 뽐내고요.

"현금 챌린지
   함께 하실 분?"

아무리 '합리적' 소비를 실천하더라도, 사지 않는 것에 당할 수는 없겠죠. 최근 불경기가 길어지면서 최대한 소비 지출을 줄이려는 '짠돌이 노하우'가 널리 공유되고 있습니다. '현금 생활' 트렌드가 대표적인 예입니다.

최근 '현금 바인더'를 마련했다는 게시글을 종종 볼 수 있습니다. 이는 '현금 챌린지'에 동참하기 위해서인데요. '현생(현금 생활)'이라고도 부르는 현금 챌린지란 신용카드나 간편결제 등 다른 수단을 사용하지 않고 현금으로만 지출하는 것을 말합니다. 미리 자신의 지출 항목을 파악하고 월별·주별·일별 예산을 책정한 다음, 해당 예산만큼만 현금을 인출해 요일별 혹은 카테고리별 바인더에 꽂아두고 씁니다. 얼마의 돈을 어디에 쓰는지 가시화해 지출을 통제하기 쉽고, 예산보다 적게 쓰면 남은 현금은 저축 바인더로 옮겨서 돈이 쌓이는 것을 눈으로 확인하며 성취감을 느끼는 것이죠. 카드로 지출할 경우에는 가짜돈으로 바인더를 구성해 매일밤 쓴 금액만큼 바인더에서 돈을 빼내어 가시화하기도 한답니다.

현금 챌린지는 돈만 아껴주는 것이 아닙니다. 현금 바인더가 알록달록 예뻐서 SNS에 인증하기도 좋아 여성들에게 인기입니다. 가계부만 쓰는 것은 지루하고 귀찮은 일로 느껴지지만, 색색깔로 나만의 바인더를 꾸미면 훨씬 뿌듯한 마음으로 지출을 관리할 수 있는 것이죠. 유튜브에는 '현금 바인더 속지 만드는 법'이나 '현생할 때 카카오톡 선물하기는?'처럼 노하우를 알려주는 영상도 많습니다. 챌린지에 참여하는 다른 사람들과 이벤트를 진행하기도 합니다. 1만 원, 3만 원 등 오늘 쓸 수 있는 금액이 적힌 쿠폰을 만들어서 무작위로 뽑아 그날의 예산을 정하는 겁니다. 재미도 있고 보기에도 예쁘게 지출을 관리한다는 점에서 2030 여성 사이에서 현금 챌린지의 인기는 꾸준합니다. 2024년 11월 기준 인스타그램에서 '#현금생활' 게시물 수는 14만을 넘겼고 '#현금챌린지'는 10만 건을 넘겼습니다.

현금 챌린지는 외국에서도 화제입니다. 'Cash Stuffing(현금 채우기)'이라고 불리는데 실제로 Z세대의 현금 사용이 눈에 띄게 증가한 것으로 나타났습니다. 미국의 크레딧 카르마가 성인 남녀 2,118명을 대상으로 한 설문조사에 따르면 Z세대의 69%가 12개월 전보다 더 많은 현금을 사용하고 있다고 응답했는데 이는 X세대(47%), 베이비붐세대(37%)보다 훨씬 높은 수치였습니다.[11]

이처럼 요즘 절약은 무작정 사고 싶은 것을 참고 돈을 아끼는 고통과 인내의 과정이 아닙니다. 챌린지의 형태로 게임처럼 참여하고 SNS 인증을 통해 다른 사람들과 함께

투자와 소비

의지를 다지면서 나름의 재미를 추구하는 일이 되었습니다. '무지출 챌린지'도 마찬가지입니다. 일정 기간 동안 아예 지출을 하지 않는 것을 인증하는 것인데요. 2030세대에서 유행하면서 금융 플랫폼 토스에서는 무지출 챌린지 베타 서비스를 열기도 했습니다. 이용자의 마이데이터에 포함된 카드 사용 내역에서 지출 내역이 없으면 다음날 일정 포인트를 지급하는 방식입니다. 자산관리 서비스 뱅크샐러드는 지출 의리 게임인 '샐러드게임' 이벤트를 진행했습니다. 팀원들이 5일 동안 사용할 예산을 설정하고 지출을 줄이기 위한 몇 가지 미션에 성공하면 지출한 금액만큼 상금으로 돌려받을 수 있습니다. 흥미로운 것은 일면식 없는 사이에도 의기투합해 각자 성실히 미션을 수행하여 상금을 탄다는 것이고요.

'앱테크'도 인기입니다. 특히 스마트폰이나 스마트워치로 측정되는 걸음 수에 따라 현금처럼 쓸 수 있는 포인트를 적립해주는 만보기 앱을 사용하는 2030 여성도 많아졌습니다. 만보기 기능을 오랫동안 선보인 '캐시워크'는 구글플레이 스토어에서 다운로드 수가 2,100만 회를 넘어섰다고요.[12] 몇 년 전부터 서울시에서 출시한 '손목닥터9988+'도 '리워드가 꽤 쏠쏠하다'는 소문과 함께 널리 퍼지고 있습니다. 하루 8,000보를 걸으면 서울페이로 200포인트를 주고 이외에도 다양한 챌린지를 달성하면 포인트를 획득할 수 있는데요. 서울시에 따르면 서비스 출시 이래로 현재까지 100만 명의 이용자가 가입했으며 손목닥터 서비스의 이용자는 65%가 여성이라고 합니다.[13] 예전에는 이러한 만보기 앱을 중장년층이 주로 이용했다면 최근에는 젊은 이용자들이 많아지면서 토스나 신한은행 등 여러 금융사와 공공기관에서도 유사한 서비스를 만들어 소비자를 모으고 있는 것이죠.

2030 여성 소비자를 공략하기 위한 뱅크테인먼트(뱅크+엔터테인먼트)도 성장하고 있습니다. 이왕이면 재미있게 지속하기를 원하는 소비자를 위해 은행이 예·적금 상품을 게임처럼 출시합니다. 예를 들어 우리은행은 인기 웹툰 '유미의 세포들'의 세계관을 적용한 'N일 적금'을 출시했는데요. 매일 '감정 스탬프'로 자기 감정을 기록하면서 납입하면 최대 연 6%의 금리를 받을 수 있는 상품입니다.[14] 케이뱅크는 매일 적금하면 우대금리를 받을 수 있는 '궁금한 적금'을 출시했습니다. 최소 100원부터 넣을 수 있는데 매일 적금에 성공하면 귀여운 캐릭터가 보물찾기 하는 과정을 진행해 나가는 스토리입니다. '궁금한 적금'의 경우, 1주일 만에 5만 좌를 판매했으며 가입자의 66%가 여성이었다고 합니다.

돈, 끌려가지 않고
끌고 가는 삶을 위하여

경제적 자유라는 건 결국에는 내가 뭔가 행동하려 하는데 나를 붙잡
는 일이나 조건 없이 '내가 하고 싶은 일을 하겠다'라는 거예요. 예전
에는 자식 다 키워놓고 내 집 마련 다 해놓고, 그다음에 내가 하고 싶
은 것을 할 수 있었지만 요즘엔 그런 건 짜증나죠. 거기까지 가기엔
시간이 너무 많이 남았고, '어느 세월에 그렇게 해?'라고 생각하면서
빨리 젊은 나이에 경제적 자유를 이루고 싶어 해요.

_경제 분야 인플루언서

돈과 관련한 모든 고민은 '경제적 자유'를 얻기 위한 노력으
로 귀결됩니다. 요즘 사람들이 말하는 경제적 자유란 단순
히 '회사 가기 싫다'는 투정이 아니라 자신이 원하는 삶을
직접 손에 넣겠다는 당찬 포부입니다. 오늘의 행복을 중시
하는 2030 여성들은 경제적 자유를 먼 미래의 꿈으로 미루
지도 않습니다. 지금 내가 실천할 수 있는 일을 통해 한 걸
음씩 다가가고자 하죠.

　미래에 대한 불안이 그 어느 때보다 커지는 시대입니
다. 유튜버 할미언니의 책《돈 공부를 시작하고 인생의 불안
이 사라졌다》는 책 제목처럼 수많은 재무 강의와 도서에서
이야기하는 바는 하나입니다. 재벌급의 부자가 되겠다는 것

이 아니라, 인생의 불안을 없애고 돈에 끌려가지 않는 삶을 살고자 하는 것입니다.

> 미래를 예측할 수는 없어도, 미래를 만들 수는 있다. _피터 드러커

피터 드러커의 말처럼, 돈을 공부하고 또 불리는 것은 주체적으로 나의 미래를 만들어가기 위한 중요한 일입니다. 과거에는 여성들이 돈에 대해 상대적으로 소극적이었다면 이제 그런 시기는 지났습니다. 누구보다 당당하게 돈을 대하고 똑똑하게 돈을 부릴 줄 아는 여성들이 많아지고 있습니다. 더 많은 여성이 돈 공부와 친해져서 재무 관리 역량을 키우고, 나아가 돈에 끌려가지 않고 돈을 끌고 가는 삶을 누릴 수 있기를 기대합니다.

투자와 소비

주

공저자 소개

주

Me 몸 _ 포트폴리오로 완성하는 나만의 추구미

1 'Aspiring to Be a Hexagonal Human 육각형인간' 중에서 / 김난도 외 10명, 《트렌드 코리아 2024》, 미래의창.

2 Curran & Hill, (2019). "Perfectionism is increasing over time: A meta-analysis of birth cohort differences from 1989 to 2016", Psychological Bulletin, 145(4), p. 410.

3 'Savoring a Bit of Everything : Omnivores 옴니보어' 중에서 / 김난도 외 9명, 《트렌드 코리아 2025》, 미래의창.

4 'MZ겨냥' 슬로우에이징, 대세로 자리잡았다 / 뷰티너리, 2023. 10.06.

5 맥킨지(McKinsey & Company), The trends defining the $1.8 trillion global wellness market in 2024.

6 '웰에이징(Well-aging)' 관련 인식 조사 / 엠브레인, 2024.05.

7 청소년 흡연·음주율, 20년간 3분의 1 수준으로 대폭 감소 / 질병관리청 보도자료, 2024.11.22.

8 이너 뷰티 어디까지 먹어봤니? / 싱글즈, 2021.12.29.

9 영국의 뷰티 트렌드, '인사이드 아웃(Inside-out) 뷰티' / KOTRA 해외시장뉴스, 2024.05.07.

10 '2030 여성의 IDEAL' 트렌드 리포트 / 한화손보 펨테크연구소×바이브컴퍼니, 2024.03.06.

11 'PHYSICAL TREND: 도전하는 여성' 트렌드 리포트 / 한화손보 펨테크연구소× 바이브컴퍼니, 2024.04.12.

12 'Don't Waste a Single Second: Time-Efficient Society 분초사회' 중에서 /
김난도 외 10명, 《트렌드 코리아 2024》, 미래의창.

13 [IDL리포트] 뉴노멀 시대의 새로운 건강 관리, 헬스디깅족 / 인크로스,
2024.02.29.

14 '내 몸 사용 설명서' 만드는 MZ세대 '몸BTI'에 빠졌다 / 헬스비즈, 2023.11.27.

15 [트렌트줌인] "나에 대해 알고 싶다"… '유전자·패션·강점' 셀프분석 서비스 뭐가
있나? / DAILY POP, 2024.08.09.

16 이제는 '몸비티아이' 시대…유전자에 새겨진 내 건강 알고 싶어 / 한겨레.
2024.03.02.

17 소비자가 직접 검사 의뢰하는 유전자검사기관 총 14개로 확대 / 보건복지부,
2024.07.09.

18 'Everyone Has Their Own Strengths: One-Point-Up 원포인트업' 중에서 /
김난도 외 9명, 《트렌드 코리아 2025》, 미래의창.

19 AESTHETIC·COSMETIC PROCEDURES performed in 2023 / ISAPS
INTERNATIONAL SURVEY.

20 'Routinize Yourself 바른생활 루틴이' 중에서 / 김난도 외 9명, 《트렌드 코리아
2022》, 미래의창.

21 슬로우에이징에 주목하는 MZ, 홈케어 위한 '괄사'에 빠지다 / 장업신문,
2024.02.23.

22 '미이즘' 시대, MZ세대 취향 저격 소비가 뜬다 / 세계일보, 2023.05.16.

Me 마음 _ 명랑한 멘탈 금수저가 되고 싶어요

1 '뜨개질' 다시 유행… "스트레스 줄이는 힐링문화"/ YTN, 2024.11.09.

2 "회사선 참다가 집에서 폭발" 번아웃보다 위험한 '토스트아웃' / 중앙일보,
2024.09.29.

3 앞과 동일.

4 한병철(2012). 《피로사회》, 문학과지성사.

5 "카톡으로 사주·네이버에선 타로"…MZ 덕에 뜬 '온라인 운세' / 뉴스1,
2024.10.26.

6 앞과 동일.

7 전국 정신건강의학과 의원 1600개소 돌파 / 의약뉴스, 2024.05.24.

8   앞과 동일.

9   쇼펜하우어가 제패한 서점가… 서양철학 도서 125% 성장 / 경향신문,
     2024.06.03.

10   캐스퍼 터 카일(2021). 《리추얼의 힘》, 마인드빌딩.

11   일본은 MZ 사우나 열풍… 죽어가던 목욕업계도 살아났다 / 국제신문,
     2024.09.01.

12   [르포] "새벽 기상, 108배? 오히려 좋아" 2030 휴가 핫플된 이곳 / 머니투데이,
     2024.08.17.

13   [MZ사전] '중꺾그마'… 꺾여도 괜찮아, 다시 일어서잖아 / 아시아경제,
     2023.04.15.

Us 우정과 사랑 _ 우리 성장하는 관계인가요?

1   차도 연인도 필요 없다? 삶에서 갖추지 않아도 되는 것 / 대학내일 20대연구소,
     2024.07.03.

2   "여친집 가요" 짠물 데이트하는 청년 연애… '결정사'는 호황, 왜 / 중앙일보,
     2024.10.02.

3   20대 이하 청년층 신용카드 이용 금액, 9% 줄었다 / 조선일보, 2024.09.04.

4   "여친집 가요" 짠물 데이트하는 청년 연애…'결정사'는 호황, 왜 / 중앙일보,
     2024.10.02.

5   남들은 어떻게 연애하고 살아요? 틴더가 공개한 2023 데이팅 트렌드 / 엘르,
     2023.12.13.

6   Z세대 2만 명이 참여한 요즘 연애 빅데이터 / 캐릿, 2024.04.16.

7   '취향'은 필수, '능력'은 선택! MZ세대 연애 문화 트렌드 / 인크로스 × SK스퀘어,
     2024.06.

8   '2539 외로움 및 관계맺기 인식조사'트렌드 리포트 / 한화손보 펨테크연구소×
     엠브레인, 2024.08.

9   'PHYSICAL TREND: 도전하는 여성' 트렌드 리포트 / 한화손보 펨테크연구소×
     바이브컴퍼니, 2024.07.

10   '빅데이터로 본 여성의 SOCIALIZING 보고서' 트렌드 리포트 / 한화손보
     펨테크연구소×바이브컴퍼니, 2024.10.

11   위와 같음.

12 "Buddies with a Purpose: 'Index Relationships' 인덱스 관계" 중에서 / 김난도 외 9명, 《트렌드 코리아 2023》, 미래의창.

13 청년들 "연애는 사치재"⋯저성장 한국 슬픈 현실 / 중앙일보, 2024.10.02.

Us 결혼과 출산 _ 평균실종 시대, 모든 것은 선택사항?

1 [2030 1만 명에게 물었더니⋯] ④ 결혼·가족관 / 경향신문, 2003.02.02.

2 "요즘 누가 혼인신고 해요"⋯결혼했지만 '위장 미혼' 늘어난 이유 / 서울경제, 2023.05.15.

3 2030 "비혼동거 긍정적" 60%⋯"혼인신고 안해도 가족"은 40% 그쳐 / 한국일보, 2022.02.12.

4 작년 초혼연령 남 34세, 여 31.5세⋯20년 넘게 산 부부 이혼률 올라 / 뉴시스, 2024.09.05.

5 "여친집 가요" 짠물 데이트하는 청년 연애⋯'결정사'는 호황, 왜 / 중앙일보, 2024.10.02.

6 미혼남녀 만남행사 '설렘, in 한강'서 27쌍 커플 탄생⋯매칭률 54% / 동아일보, 2024.11.27.

7 "둘이 같이 벌어요"⋯맞벌이 가구 48.2% 역대 최대 / 한겨레, 2024.06.18.

8 MBTI와 사주, 무엇을 믿습니까 / 조선일보, 2023.10.14.

9 "요즘은 이걸로 상대 선택까지⋯" 결혼정보회사 대표가 밝힌 가장 인기 없는 MBTI / ZUM, 2023.12.22.

10 결혼정보회사 가연, 선호 이성 MBTI "2위 ENFP, 1위는?"/ 경북신문, 2022.12.16.

11 '4050 중장년층' 평균소득 4000만 원, 2030 청년층의 1.5배 / 글로벌경제신문, 2023.12.20.

12 집값 빼고도 6,298만 원⋯'웨딩플레이션' 허리 휘는 예비부부 / 한겨레, 2024.04.24.

13 결혼식은 생략할게요, NO웨딩 / LS증권 블로그, 2024.11.21.

14 MZ세대, 결혼식 필요하다 생각 안해 63.6% / 어피티, 2024.05.31.

15 인생 최대 지출 결혼식⋯미혼남녀 38% "굳이? 생략 가능"/ 뉴시스, 2024.07.13.

16 결혼식은 생략할게요, NO웨딩 / LS증권 블로그, 2024.11.21.

17 혼인신고 손익계산서⋯'결혼 페널티'에 '신고' 미루는 부부들 는다 / 경향신문, 2024.07.20.

18 "혼인신고하면 나만 손해"…결혼 제도 불신하는 청년들 / LE DESK, 2024.09.03.

19 한국도 결혼 불필요 사회로?…2030 "필요 못느껴" 동아경제, 2023.12.22.

20 가연결혼정보, '결혼·차일드 페널티' 조사 결과 공개 / 머니투데이, 2024.10.24.

21 여성의 경력단절 '차일드 페널티'가 출산율 하락에 40% 차지 / 연합뉴스, 2024.04.16.

22 출산 꺼리는 여성들…출생율 하락 '40%'는 경력단절 우려 / 경향신문, 2024.04.16.

23 pann.nate.com/talk/372275580

24 [대한민국 직장인] 여성 경제활동 참가 늘고 '경단녀' 줄고…가사노동 분배 인식도↑ / 워라벨타임스, 2024.08.21.

25 결혼·출산 급증, MZ가 달라졌다 / 조선일보, 2024.10.24.

26 [난임일기①] "아이만 가질 수 있다면"…부부 8쌍 중 1쌍 '난임' / 국민일보, 2024.10.21.

27 "아이 낳고 싶다" 절박한 이들…'제도 사각' 탓에 더 지쳐간다 / 경향신문, 2022.01.05.

28 미혼 여성 '난자 동결' 4,500건 넘겼다 / 연합뉴스, 2023.10.09.

29 20대 40%는 "비혼 출산 가능"…지난해 혼외자 첫 1만 명 돌파 / 서울경제, 2024.11.25.

30 정우성·문가비가 문제라고?…"결혼 NO, 자녀 YES" 20대 43%가 답했다 / 머니투데이, 2024.11.26.

31 프랑스·미국도 '사유리' 논쟁…비혼 출산은 전 세계 화두 / 뉴스1, 2020.11.21.

Growth 커리어 _ 일은 곧 나의 삶, 나의 브랜드

1 직장인 68.8%, "커리어 브랜딩 한다"…경력사항 어필 1위 / 브레이크뉴스, 2024.09.20.

2 M팀장이 Z사원을 만났을 때 / 더피알, 2021.12.21.

3 "팀장 하라고요? 싫은데요"…승진 싫다는 그들의 '본심' / 아시아경제, 2024.10.13.

4 보상 없는 성과, 직장인의 '직춘기'를 부른다 / 트렌드모니터, 2024.10.02.

5 최인아 "애쓰고 애쓴 것은 사라지지 않는다" / 채널예스, 2023.06.01.

6 "여러분, 저 오늘 퇴사합니다"…해외서 부는 '퀵잡' 열풍 / 아시아경제,

2024.04.21.

7 "쟤 일 잘해?" 대놓고 묻는다…이직 때 필수 된 '앞담화' / 중앙일보, 2024.11.13.

8 앞과 동일.

9 M팀장이 Z사원을 만났을 때 / 더피알, 2021.12.21.

10 경력단절이 만든 54만 원 차이…한국 성별 임금 격차 OECD 최악 / 파이낸셜뉴스, 2024.10.30.

11 포기했다, 커리어에서 돈이나 시간 혹은 성취감을 / 경향신문, 2024.03.09.

12 육아휴직·직장 어린이집 10년새 2배…경단녀 상징 'M커브' 사라졌다 /조선일보, 2024.10.17.

13 '일 하는 엄마' 있는 딸들이 성공 가능성 높다 / 아시아경제, 2018.02.07.

14 더디지만 한 걸음 더, 커리어 우먼이 만든 빛나는 내일 / 숙대신보, 2023.11.13.

Growth 투자와 소비 _ 이구'돈'성, 너무 이른 재테크는 없다

1 MZ세대 절반 "재테크=자기개발"… 성별 및 세대별 투자 성향은 달라 / 샐러던트리포트, 2022.06.27.

2 'Incoming! Money Rush 머니러시' 중에서 / 김난도 외 9명, 《트렌드 코리아 2022》, 미래의창.

3 'We Are the Money-friendly Generation 자본주의 키즈' 중에서 / 김난도 외 9명, 《트렌드 코리아 2021》, 미래의창.

4 주식 열풍 뛰어든 '맘개미'들… 여성투자자 4년만에 2배로 / 동아일보, 2021.03.26.

5 [2030 리서치] MZ세대의 60%는 이른 은퇴를 희망해요 / 어피티, 2024.07.05.

6 [2030 리서치] MZ세대 절반, '보험 3개 이상' 가입했어요 / 어피티, 2024.08.15.

7 벌크형 vs. 미니형 먹거리? "내 라이프스타일 따라 고른다" / 엠브레인, 2024.10.08.

8 한화손보, '여심 공략' 통했다…차별화된 담보 '주목' / 컨슈머타임즈, 2024.12.10.

9 '내 집 마련'과 '경제적 자유' 갈망…여성이 남성보다 '적극적' / 경향신문, 2020.10.13.

10 모건 하우절(2021), 《돈의 심리학》, 인플루엔셜.

11 Cash is King for Gen Z as Cash Stuffing Trend Catches On / creditkarma Press Room, 2023.05.01.

12 만보기 앱 10개 깔고 1만 보… 하루에 얼마까지 벌 수 있을까 / 조선일보, 2024.10.10.

13 맞춤 건강관리법까지… 손목닥터9988 '똑소리'/ 세계일보, 2024.07.24.

14 "고객님! 기분만 알려주셔도 돈 드립니다"…벌써 7천 억이나 팔린 상품은 / 매일경제, 2024.11.11.

전미영

소비트렌드분석센터 연구위원. 서울대 소비자학 학사·석사·박사. 다수의 기업과 트렌드 기반 신제품개발 및 미래전략 기획 업무를 수행하며, 서울대에서 소비자조사방법과 신상품개발론 과목을 강의하고 있다. 삼성경제연구소리서치애널리스트와 서울대 소비자학과 연구교수를 역임했으며, 한국소비자학회 최우수논문상을 수상했다. 2009년부터 〈트렌드 코리아〉 시리즈 공저자로 참여하고 있으며, 『트렌드 차이나』, 〈대한민국 외식업 트렌드〉 시리즈, 『나를 돌파하는 힘』 등을 공저했다. 롯데쇼핑 ESG위원회 위원장, 하나은행 경영자문위원, 농협축산 행복자문위원, 한강시민위원, 통계청·프로축구연맹 자문위원, 교보문고 북멘토 등을 맡고 있으며, SBS라디오 〈생활정보〉에 고정 출연하며 《동아일보》에 '트렌드 NOW' 칼럼을 연재하고 있다.

최지혜

소비트렌드분석센터 연구위원. 서울대 소비자학 석사·박사. 소비자의 신제품 수용, 세대별 라이프스타일 분석, 제품과 사용자 간의 관계 및 처분행동 등의 주제를 연구하며, 서울대에서 소비트렌드분석 과목을 강의하고 있다. 워싱턴주립대학교Washington State University에서 공동연구자 자격으로 연수했으며, 『더현대 서울 인사이트』, 〈대한민국 외식업 트렌드〉 시리즈를 공저했다. 삼성·LG·아모레·SK·코웨이·CJ 등 다수의 기업과 소비자 트렌드 발굴 및 신제품 개발 프로젝트를 수행했으며, 현재 인천시 상징물 위원회 자문위원을 맡고 있다. 현대백화점 유튜브에서 브랜드 콘텐츠 '미팅룸'을 진행하고, 《한국경제》에 '최지혜의 트렌드 인사이트', 《아시아경제》에 '최지혜의 트렌드와치'를 연재하고 있다.

권정윤

소비트렌드분석센터 연구위원. 서울대 소비자학 학사·석사·박사. 세대 간 소비성향 전이, 물질소비와 경험소비 등의 주제를 연구하며, 성균관대학교에서 소비자와 시장 과목을 강의한 바 있다. 〈대한민국 외식업 트렌드〉 시리즈를 공저했으며 《국방일보》·《섬유신문》에 트렌드 칼럼을 연재하고 있다. SBS 러브FM 〈목돈연구소〉의 '트렌드연구소' 고정 패널, 용산공원조성추진위원회 및 국가스마트도시위원회 민간위원으로 활동 중이다. 가전·유통·식품·금융 등 여러 산업군의 기업과 소비자 조사 및 소비트렌드 발굴 업무를 수행하고 있다.

한다혜

소비트렌드분석센터 연구위원. 서울대 심리학 학사, 서울대 소비자학 석사·박사. 소비자가 구매 시 느끼는 소비감정과 소비행태를 다양한 데이터와 실험설계를 통해 분석하며, 소비를 심리학적 관점으로 바라보는 데에 관심이 많다. 서울대학교 학문후속세대로 선발된 바 있고, 한국소비문화학회 우수논문상을 수상했으며, 〈대한민국 외식업 트렌드〉 시리즈를 공저했다. KBS1 〈사사건건〉, SBS 〈모닝와이드〉 등에 출연했으며, 현재는 KBS 1라디오 〈성공예감〉의 '트렌드팔로우'에 고정 출연하고 있다. 삼성·LG·SK·GS 등 다수의 기업과 소비트렌드 기반 신제품 개발 및 미래전략 발굴 업무를 수행하고 있다.

김나은

소비트렌드분석센터 책임연구원. 서울대학교 소비자학과 석사, 박사과정 재학. 현대 사회에서 새롭게 등장한 소비 현상과 이를 구성하는 소비자의 숨겨진 니즈, 영향 요인을 분석하는 데 관심이 많다. 최근 스몰 럭셔리에 관한 소비 동기와 이에 따른 소비자 유형화를 주제로 연구를 수행했다. 현재 삼성·SK·GS홈쇼핑·배달의민족·파리바게트·한국공항공사·한국토지주택공사 등 다수의 기업과 소비자 트렌드 발굴 및 전략 기획 업무를 수행하고 있다. 유튜브 채널 '트렌드코리아 TV'를 총괄·기획하고 있다.

스물하나, 서른아홉
요즘 여성들이 쓰는 뉴노멀

초판 1쇄 발행 2025년 2월 11일
초판 4쇄 발행 2025년 2월 25일

지은이 김난도 · 전미영 · 최지혜 · 권정윤 · 한다혜 · 김나은
펴낸이 성의현
펴낸곳 미래의창

출판 신고 2019년 10월 28일 제2019-000291호
주소 서울시 마포구 잔다리로 62-1 미래의창빌딩(서교동 376-15, 5층)
전화 070-8693-1719 **팩스** 0507-0301-1585
홈페이지 www.miraebook.co.kr
ISBN 979-11-93638-63-7 03320

※ 책값은 뒤표지에 표기되어 있습니다.